职业教育“城市轨道交通专业”一体化课程改革创新示范教材

城市轨道交通站务员

主　编　张建如
副主编　田爱军　王　楠

西安电子科技大学出版社

内容简介

本书是中等职业教育城市轨道交通专业一体化课改规划教材之一，共 5 个模块，包括 19 个工作任务。其主要内容包括城市轨道交通行车施工安全、客运服务、票务组织、故障应急处理和突发事件应急处理。每个模块中包括“案例导学”“学习目标”“技能目标”“相关知识”“任务实施”“任务评价”“模块训练”“模块小结”“模块自测”“拓展自测”等环节。

本书可作为高等及中等职业院校城市轨道交通运营专业的教材及相关专业的教学参考书，也可作为轨道交通企业站务员等岗位人员的培训教材。

图书在版编目(CIP)数据

城市轨道交通站务员 / 张建如主编. —西安： 西安电子科技大学出版社，2020.7
ISBN 978-7-5606-5711-0

Ⅰ. ①城… Ⅱ. ①张… Ⅲ. ①城市铁路—轨道交通—客运服务—中等专业学校—教材
Ⅳ. ①U239.5

中国版本图书馆 CIP 数据核字(2020)第 087265 号

策划编辑 秦志峰 张 瑜
责任编辑 郑瑞环 秦志峰
出版发行 西安电子科技大学出版社(西安市太白南路 2 号)
电 话 (029)88242885 88201467 邮 编 710071
网 址 www.xduph.com 电子邮箱 xdupfxb001@163.com
经 销 新华书店
印刷单位 咸阳华盛印务有限责任公司
版 次 2020 年 7 月第 1 版 2020 年 7 月第 1 次印刷
开 本 787 毫米×1092 毫米 1/16 印 张 10
字 数 214 千字
印 数 1～4000 册
定 价 29.00 元
ISBN 978 - 7 - 5606 - 5711 - 0 / U

XDUP 6013001-1

前　言

城市轨道交通具有运能大、能耗低、污染少、速度快、安全准点等优点。轨道交通以“安全、快捷、舒适、环保”的优质服务为城市提速，在其优质服务的背后，是庞大而先进的系统设备。城市轨道交通运营管理人才负责轨道交通运营管理、列车运行、控制监督、员工培训及对土建设施、车辆和运营设备的保养、维修等工作。

城市轨道交通运营人才是轨道交通安全运营和可持续发展的第一要素。随着轨道交通运管里程的快速增长，运营人才的数量和质量问题日渐突出，亟待解决。国家发展和改革委员会、教育部、人力资源和社会保障部在《关于加强城市轨道交通人才建设的指导意见》(发改基础〔2017〕74号)中指出，企业在人才培养工作中负有主体责任，要强化人才建设规划引领、健全人才培养标准体系。

城市轨道交通运营人才培养是一项系统工程，不仅需要科学规划、统一标准、完善体系，更需要考虑当前员工年轻化的特点，利用互联网在线学习、手机端移动学习技术，构建覆盖轨道交通运营主要技能岗位的线上、线下相结合的立体化培训课程资源体系。依托工作岗位、实训基地，通过在实践中学习、在学习中实践的螺旋发展，不断提升培养的有效性。

站务员作为站务系统的一线工作人员，负责当班期间车站行车、服务、票务等工作。为做好站务员的日常岗位工作，提高其岗位作业技能，同时为满足地铁、高铁、轻轨、城际轨道交通企业对站务人员知识和技能的需求，江苏省徐州技师学院轨道交通学院组织教学经验丰富的专业教师编写了本书。本书由张建如担任主编，田爱军、王楠担任副主编，具体编写分工为：张建如编写模块一、三、四以及各模块的拓展自测；田爱军编写模块五；王楠编写模块二。

本书在编写过程中，得到了江苏省城市轨道交通建设与管理协会刘连珂理事以及苏州、无锡、常州、合肥、宁波、福州、金华等国内轨道交通同行专家的指导和帮助，这些专家对城市轨道交通作业教学做了深入细致的调查研究，对教材编写提出了许多建设性意见，在此谨向他们致以衷心的感谢。

鉴于编写人员技术水平及实践经验的局限性，对书中各种问题的分析和处理不免有偏颇或不足之处，我们真诚地期待广大读者和同行多提宝贵意见，以便今后进一步修订完善本书。

编　者

2020 年 2 月

目　录

模块一　行车施工安全

案例导学

小君乘坐地铁时发现，下车时站台工作人员总会左顾右盼，在乘客下车完毕，车门和屏蔽门正常关闭后，他们面对司机用手向列车方向旋转两圈后司机才发车。小君回想自己在课堂上学到的知识，站台工作人员用手打圈的动作应该就是地铁“手信号”里面的“好了”信号，表示乘客上下完毕，车门与屏蔽门正常，司机可以正常发车了。

其实，车站所有的工作都必须以安全为首要出发点，不管是乘客的安全还是地铁工作人员的作业安全，都是所有地铁人不断追求的目标。那么，地铁的安全工作究竟分为哪些部分呢？地铁员工是如何来保障乘客乘车和员工作业的安全呢？

学习目标

(1) 掌握手信号的种类以及各种手信号的表示方法、显示位置和含义。

(2) 掌握紧急停车按钮的位置、有效范围以及作用。

(3) 掌握屏蔽门的组成、功能和操作等级。

(4) 掌握屏蔽门的基本故障处理方法。

(5) 掌握人工准备进路前的防护措施。

(6) 掌握“手摇道岔六部曲”。

(7) 掌握道岔位置判断的方法。

(8) 掌握设备设施故障时的汇报内容和流程。

(9) 掌握如何对故障设备进行围蔽防护和设置警示标志。

(10) 掌握如何对施工现场进行监控。

(11) 掌握防毒面具的使用方法。

(12) 了解灭火器的种类，掌握车站灭火器的有效性检查方法和使用方法。

(13) 掌握防火卷帘门的操作方法及注意事项。

(14) 掌握消火栓的使用方法。

技能目标

(1) 能按照要求独立维持站台工作秩序，能熟练地按标准显示手信号。

(2) 能按照要求独立对屏蔽门的有关故障进行处理，发现故障后能及时准确地汇报故障。

(3) 能熟练地做好进入轨行区的安全防护，能够独立进行手摇道岔、道岔位置判断、出清线路等有关操作。

(4) 能按照要求独立对故障设备设施进行汇报并做好安全围蔽及摆放警示标牌，能对现场做好监控。

(5) 能按照要求独立使用防毒面具、灭火器、防火卷帘门和消火栓。

任务一　站台接发列车作业

相关知识

接发列车作业是列车由区间驶入站台、站台发出驶入区间时站台接车员需办理的接发车的作业。为了确保地铁站线安全可控，顺利完成到车安全运输任务，应正确办理接发列车作业。

站台接发车作业由接车三部曲、手信号显示、规范使用紧急停车按钮等几部分组成。

一、接车三部曲

(1) 接车时，在紧急停车按钮附近面向列车立岗。

(2) 车停稳后背对屏蔽门立岗，防止抢上。

(3) 门关好后，在紧停按钮附近面向列车立岗。

接发列车时需三面转体，其目的是便于更加清楚直观地查看列车运行状态以及乘客上下车时的安全情况，是站台接发列车作业中必不可少的一步。

二、手信号显示

在地下车站显示手信号时按夜间方式显示。

特殊情况下，列车运行时有关人员应遵守的手信号显示见表 1-1。

表 1-1　手信号显示

序号	手信号类别	显示方式	
		昼　间	夜　间
1	停车信号：要求列车停车	展开的红色信号旗；无红色信号旗时，两臂高举头上，向两侧急剧摇动	红色灯光；无红色灯光时，用白色灯光上下急剧摇动
2	紧急停车信号：要求司机紧急停车	展开红旗下压数次；无信号旗时，两臂高举头上，向两侧急剧摇动	红色灯光下压数次；无红色灯光时，用白色灯上下急剧摇动
3	减速信号：要求列车降低速度运行	展开的黄色信号旗；无黄色信号旗时，用绿色信号旗下压数次	黄色信号灯光；无黄色信号灯光时，用白色或绿色灯光下压数次

续表

序号	手信号类别	显示方式	
		昼间	夜间
4	发车信号：要求司机发车	展开的绿色信号旗上弧线向列车方向作圆形转动	绿色灯光上弧线向列车方向作圆形转动
5	通过手信号：准许列车由车站通过	展开的绿色信号旗	绿色灯光
6	引导信号：准许列车进入车站或车场	展开黄色信号旗高举头上左右摇动	黄色灯光高举头上左右摇动
7	降弓信号	左臂垂直高举，右臂前伸并左右水平重复摇动	白色灯光上下左右重复摇动
8	升弓信号	左臂垂直高举，右臂前伸并左右上下重复摇动	白色灯光作圆形转动
9	好了信号：某项作业完成	用拢起的信号旗作圆形转动	白色灯光作圆形转动

注意事项：打好了信号时，务必向屏蔽门方向作圆形运动。

三、规范使用紧急停车按钮

各车站控制室均设有综合后备盘(Integrated Backup Panel，IBP)，盘面上的上、下行线分别设有紧急停车、紧急停车取消、报警取消等按钮。当车站发生紧急事件时，根据具体情况按相应按钮。

各车站上、下行站台各设有两个紧急停车按钮(Emergency Stop Button，ESB，以下简称紧停按钮)，与车站控制室的IBP上的取消报警按钮相连通。站台上的紧停按钮被按压时，车站控制室的IBP控制盘将报警。

任务实施

一、组织站台乘客安全候车、乘车、下车

(1) 接车时，在紧停按钮附近立岗，确保列车安全到站，如图1-1所示。

图1-1　接车三部曲(1)

(2) 车停稳后背对屏蔽门立岗，防止抢上，保障乘车秩序，如图 1-2 所示。

图 1-2 接车三部曲(2)

(3) 门关好后在紧停按钮旁立岗，面向列车立岗，确保列车安全出站，如图 1-3 所示。

图 1-3 接车三部曲(3)

二、常用手信号显示

(1) 停车信号：展开的红色信号旗/灯，如图 1-4 所示；无红色信号旗/灯时，徒手两臂高举头上，向两侧急剧摇动。

图 1-4 停车信号

(2) 紧急停车信号：展开红旗下压数次；无信号旗时，两臂高举头上，向两侧急剧摇动，如图 1-5 所示。

图 1-5 紧急停车信号

(3) 发车信号：展开的绿色信号旗/灯上弧线向列车方向作圆形转动，如图 1-6 所示。

图 1-6 发车信号

三、监视列车运行状态

在列车驶入站台、停妥以及驶出站台时需对其全程监控，除此之外还需对轨行区、屏蔽门状态以及现场人员进行监控，一旦发生异常，应立即向车控室汇报相关信息。

四、规范操作紧停按钮

当发生轨行区坠人、落物影响人身安全及行车安全时，应迅速按下紧停按钮(见图 1-7)，使列车产生紧急制动，避免发生人员伤亡、设备损坏，从而避免运营中断。

图 1-7 站台紧停按钮

在列车信号控制系统模式下及非该系统模式下，按下紧停按钮时，车站各系统的情况如下：

(1) 在列车信号控制系统(Communication Based Train Control，CBTC)模式下，岛式站台的紧停按钮有效作用范围均为该按钮所属站台侧线路的站台计轴区域，侧式站台的紧停按钮有效作用范围为上、下行线路的站台计轴区域。当紧停按钮被按下时，区域内行驶的CBTC 电客车(电客车全部或者部分在区域内时)会紧急制动，停车的 CBTC 电客车(电客车全部或者部分在区域内时)将收不到速度码，区域外的 CBTC 电客车将停车。

(2) 在非 CBTC 模式下，岛式站台的紧停按钮被按下时，该站台的出站信号机(含反向出站信号机)及所有通向该站台进路(含反向进路)的始端信号机如在开放状态下将被关闭，侧式站台的紧停按钮被按下时，上、下行的出站信号机(含反向出站信号机)及所有通向该站台进路(含反向进路)的始端信号机如在开放状态下将被关闭，如在关闭状态下将不能开放，在站台紧急停车取消后，其他连锁条件满足时，进路信号机需人工重新开放。

任务评价

根据以上内容，评价自己对本任务内容的掌握程度，在下表相应空格里打“√”。

评 价 内 容	差	合格	良好	优秀
接车三部曲掌握程度				
手信号显示掌握程度				
紧停按钮操作				

任务二　屏蔽门/安全门操作

相关知识

一、屏蔽门、安全门

屏蔽门系统包含屏蔽门和安全门。轨道交通高架站安装安全门，地下站安装屏蔽门。

屏蔽门/安全门由滑动门、应急门、端门、固定门组成(分别如图 1-8、图 1-9 所示)。1 对滑动门和左右两侧各 1 个固定门组成 1 个屏蔽门/安全门标准单元。站台每侧的屏蔽门/安全门一般由 24 对滑动门、2 对应急门、2 套端门和若干固定门组成。

屏蔽门总高度约 3200 mm，滑动门净开度 1900 mm，应急门净开度约 2450 mm，端门活动门单元净开度大于等于 1200 mm。安全门总高度约 1550 mm，滑动门净开度 1800 mm，应急门净开度约 1250 mm，端门活动门单元净开度大于等于 1200 mm。站台每侧屏蔽门/安全门各单元的编号为：下行屏蔽门/安全门从头端墙依次编号 101～124，上行屏蔽门/安全门从头端墙依次编号 201～224。

滑动门的开启时间为 2.5 s～3.0 s，关闭时间为 3.0 s～3.5 s。

图 1-8　滑动门、固定门、应急门

图 1-9　端门

二、屏蔽门、安全门相关定义

(1) 屏蔽门：沿站台边缘处设置，将车站站台与轨行区隔离，可防止人员坠轨，消除安全隐患，同时可以降低能耗的设备。

(2) 安全门：在高架或地面车站沿站台边缘布置，将车站站台与轨道区隔离开，可以消除乘客误坠轨道的危险因素的非密闭的机电一体化设备。

(3) 联动：指屏蔽门或安全门控制系统接收信号系统的控制命令，与列车门同步打开或关闭。

(4) 旁路：屏蔽门或安全门单元的一种故障工作模式，模式开关置于“手动关”位置或“手动开”位置，将故障门单元的控制回路从控制系统中旁路出来，不影响安全回路。

(5) 隔离：屏蔽门或安全门单元的一种维修工作模式，模式开关置于“隔离”位置，将该挡屏蔽门断电，不退出安全回路。

(6) “不能关闭故障”指信号系统、就地控制盘(Publishers Studios and Labels，PSL)或 IBP 发出关闭命令后，屏蔽门或安全门不执行关闭动作响应的故障。某一门单元不执行关闭动作响应的故障视为“xx 门单元不能关闭故障”。

(7) “关闭且锁紧信号”是屏蔽门或安全门关闭后，由屏蔽门或安全门控制系统形成的确认所有滑动门及应急门处于关闭且锁紧的信号。

(8) “不能打开故障”指信号系统、PSL 或 IBP 发出打开命令后，屏蔽门或安全门不执行打开动作响应的故障。PSL 如图 1-10 所示。某一门单元不执行打开动作响应的故障视为“XX 门单元不能打开故障”。

图 1-10　PSL

(9) “自动”是屏蔽门或安全门单元的一种正常工作模式，此时门单元控制回路接受信号系统、PSL 或 IBP 控制指令。

(10) 屏蔽门打开后(未进行互锁解除，未将门旁路)对信号系统的影响范围：若屏蔽门无法关闭且锁紧，在 CBTC 模式下，处于站台区域的列车无法移动，站台区域外的列车将在常用制动或者紧急制动措施的控制下保证不进入此区域；在后备模式下，相应信号机将被关闭，司机遵循信号机行车。

(11) 互锁解除：旁路该侧屏蔽门/安全门与信号系统的联锁关系。将 PSL 上的互锁解除开关(自复式开关)置于互锁解除位，互锁红灯亮起延时 180 s，180 s 内互锁解除作用有效。使用互锁解除接车时，确保列车自本侧进站前方第一架信号机至本节站台停稳后方可取消互锁解除；使用互锁解除发车时，确保列车尾部出清出站信号机 10 m 方可取消互锁解除。

(12) 屏蔽门开关门控制优先级从高到低分为四级：屏蔽门/安全门专用钥匙手动操作(就地级)、屏蔽门/安全门就地控制盒(Local Control Box，LCB)操作、屏蔽门/安全门就地控制盘(PSL)操作(站台级)、屏蔽门/安全门与信号联动控制(系统级)。

三、屏蔽门/安全门基本功能

屏蔽门、安全门主要有以下三个基本功能。

(1) 屏蔽门/安全门具有障碍物的检测及处理功能，并有障碍物故障报警功能。滑动门关闭时，能够探测到的刚性障碍物的最小厚度为 5 mm，障碍物探测 3 次，3 次后仍探测到障碍物则滑动门全部打开。

(2) 可以从门头指示灯、屏蔽门控制系统(PSD System Controller，PSC)柜了解屏蔽门/安全门运行状态和报警信息。

(3) 可对发生故障的门机进行隔离和维修。

四、屏蔽门故障处理原则

处理屏蔽门故障时，应遵循以下原则：

(1) 发生屏蔽门故障时，应按照“先通后复”的原则。车站人员要及时处理，确保安全后及时面向司机显示“好了”信号(原则上在事故发生点就近向司机显示)；司机在确保安全的情况下按时刻表的要求行车，确保客车准点运行。

(2) 列车到站(停车标±300 mm)停稳后，发生屏蔽门与车门联动功能故障时，必须按照“打开时先开屏蔽门后开车门，关闭时先关屏蔽门后关车门”的顺序，在 PSL 上手动操作屏蔽门打开或关闭，若 PSL 上手动操作不能打开或关闭时，在 IBP 进行操作。

(3) 运营期间，如因故障需保持屏蔽门常开时，车站应做好防护，对不能关闭的单挡或多挡滑动门，必须安排专人看护。专人看护时，原则上每个人可监护 6 挡相邻屏蔽门。

(4) 当运营中屏蔽门发生异常情况时，车站人员、司机要及时进行处理，做好行车组织的同时做好乘客广播、引导等客运组织工作。

(5) 与信号系统联锁及与车门联动后，在列车自动驾驶(Automatic Train Operation，ATO)、列车自动防护(Automatic Train Protection，ATP)模式下屏蔽门均可实现与车门同步开关；在反方向运行(开关屏蔽门由车站负责)、限制人工驾驶(Restricted Manual，RM)及非限制人驾驶(Uninterrupted Restricted Manual，URM)模式(开关屏蔽门由司机负责)下，必须使用 PSL 开关屏蔽门(屏蔽门无位联动) 。

(6) 隔离不代表旁路，要使滑动门保持常开位置且不影响信号系统，必须先旁路(模式开关置于“手动关”位置)后再手动解锁开门。

(7) 滑动门各种功能模式同时作用于最近相邻的应急门。

(8) 故障屏蔽门修复后，维修人员视需要利用行车间隔或下一列车进行一次相应侧的屏蔽门开关试验，须经行调同意，车站和司机做好配合。

(9) 当车站同时发生上、下行屏蔽门整侧故障时，行调可根据列车运行实际情况做出列车越站通过或不上、下客作业(首末班车除外)等相应调整，司机做好客服广播。

(10) 运营期间检修人员在对故障门进行检修过程中，必须严格保证检修门处于旁路状态，若不能保持屏蔽门处于旁路，则需要及时向车站人员说明，车站人员操作互锁解除接发列车。

(11) 使用互锁解除接发列车时，须经行调同意。

(12) 发生屏蔽门故障，车站进行确认后，由车控室值班人员将故障现象向行调、设调报告。

五、屏蔽门故障表现

屏蔽门故障具体表现为整侧门、单个门、多个门、不能打开或关闭等。

(1) 整侧门不能自动打开：列车到站开门后，整侧门不能随车门一起打开，门头状态指示灯可能闪烁；车控室综合监控上可能有故障报警。

(2) 整侧门不能自动关闭：列车关门后，整侧门不能随列车门一起关闭，门头状态指示灯长亮或闪烁；就地控制盘(PSL)上的门关闭指示灯不亮；车控室综合监控工作站上可能有故障报警；IBP 上的所有门关闭且紧锁指示灯不亮；电客车人机界面(Human Machine Interface，HMI)显示屏蔽门未关好图标，列车不能动车离站。

(3) 单个或多个门无法打开：列车到站开门后，故障门不能随列车门一起打开，门头状态指示灯可能闪烁；车控室综合监控工作站上有故障报警。

(4) 单个或多个门无法关闭：列车关门后，故障门不能随列车门一起关闭，门头状态指示灯长亮或闪烁；就地控制盘(PSL)上的门关闭指示灯不亮；车控室综合监控工作站上有故障报警；IBP 上的所有门关闭且紧锁指示灯不亮；电客车 HMI 显示屏蔽门 / 安全门未关好图标，列车不能动车离站。

(5) 屏蔽门(安全门)故障导致列车无法进站和已出站的列车停车：因特殊原因导致屏蔽门(安全门)被挤开或其他故障，导致门头状态指示灯长亮或闪烁；就地控制盘(PSL)上的门关闭指示灯不亮；车控室综合监控工作站上可能有故障报警；IBP 上的所有门关闭且紧锁指示灯不亮；电客车 HMI 显示屏蔽门未关好图标。

任务实施

一、故障汇报

当发生上述描述的故障时，站台接车人员首先判断故障门的位置及现场故障门动作情况，同时立即向车控室汇报，得到回复后对故障门进行处理。

二、监控屏蔽门、安全门

在日常生产运营过程中，车站站台接车人员对现场的屏蔽门及安全门进行监控，从屏蔽门、安全门的门头灯可判断出门体是否故障。

三、LCB 钥匙使用

LCB 钥匙使用指 LCB 钥匙仅对单个屏蔽门、安全门的 LCB 孔进行操作。地下站和高架站 LCB 钥匙使用具体操作如下：

(1) 地下站 LCB 设“自动、手动关、手动开、隔离”四位，钥匙从“自动”位顺时针旋转 90° 为“手动关”位；再顺时针旋转 90° 为“手动开”位；从“手动开”不能直接旋转至“隔离”位；从“自动”位逆时针旋转 90° 为“隔离”位。当钥匙从“隔离”位转到“自动”位时门头灯亮一次。钥匙只有在“自动”位及“隔离”位时可取出。

(2) 高架站 LCB 设“自动、手动关、手动开、隔离”四位，高架车站操作时：站台工作人员先用三角钥匙打开外面的固定侧盒，然后用 LCB 钥匙从“自动”位逆时针旋转 90° 为“手动关”位；再逆时针旋转 90° 为“手动开”位；从“手动开”不能直接旋转至“隔离”位；从“自动”位顺时针旋转 90° 为“隔离”位。当钥匙从“隔离”位转到“自动”位时门头灯亮一次。钥匙只有在“自动”位及“隔离”位时可取出。

四、PSL 钥匙使用

一般每个车站站台头端端门内均设有 PSL（屏蔽门就地控制盘），其中线路的两端集中站站台头端均设有 PSL。使用时可实现对整侧屏蔽门进行手动开/手动关操作；实现单侧屏蔽门的“互锁解除”，“互锁解除”的持续时间为 120 s～180 s；实现激光探测的使用及旁路。

五、三角钥匙使用

三角钥匙仅对两侧端门、应急门及屏蔽门、安全门就地门锁适用。其中应急门操作也会影响信号；屏蔽门、安全门就地操作在 LCB 孔处于自动位情况下开启后自行复位，在隔离情况下将保持常开状态。

表 1-2～表 1-7 为屏蔽门(安全门)应急操作指南及各故障处理程序。

表 1-2　屏蔽门(安全门)应急操作指南

作业项目	作业步骤及标准
PSL 开关门操作	(1) 将 PSL 钥匙插入“PSL 操作允许”位，并转动到“ON”位，此时“PSL 操作允许”灯亮起 (2) 按住“开门”按钮(按钮按到位停顿 2 s～3 s)，此时该侧所有滑动门打开；按住“关门“按钮(按钮按到位停顿 2 s～3 s)，此时该侧所有滑动门关闭 (3) “门关闭锁紧”灯亮后，将“PSL 操作允许”钥匙转动到“OFF”位，此时“PSL 操作允许”灯熄灭，拔出钥匙，完成操作
PSL 互锁解除操作	(1) 将 PSL 钥匙插入“PSL 操作允许”位，并转动到“ON”位，此时“PSL 操作允许”灯亮 (2) 将 PSL 钥匙从“PSL 操作允许”ON 位拔出，插入“互锁解除”钥匙孔 (3) 将“互锁解除”开关转到“ON”位并保持 3 s，红色“互锁解除”灯亮起 (4) 将 PSL 钥匙在 “互锁解除”开关转到“OFF”位拔出，插入“PSL 操作允许”ON 位(“互锁解除”灯会在 3min 后自动熄灭，如列车进、出站时间预计较长，需延长互锁解除持续时间，必须一直拧住钥匙保持在“互锁解除”开关“ON”位不动，防止列车因互锁解除自复位发生紧制) (5) 将“PSL 操作允许”转回到“OFF”位，此时“PSL 操作允许”灯熄灭，拔出钥匙，完成操作
单扇门退出安全回路(旁路)	(1) 用三角钥匙打开左固定侧盒门(此步骤仅限高架站安全门) (2) ① 用 LCB 钥匙将滑动门打到“手动开”位，门开始打开，此时该门退出安全回路；② 用 LCB 钥匙将滑动门打到“手动关“位，门开始关闭，此时该门退出安全回路 (3) 如果门不能自动完全打开或关闭，可以人力推拉把门推开或关闭 (4) 关上左固定侧盒门并锁好(此步骤仅限高架站安全门)

续表

作业项目	作业步骤及标准
IBP 紧急开门	(1) 将 IBP 钥匙插入 IBP 上“屏蔽门”上行/下行对应钥匙孔，并从“自动”位转到“手动”位，IBP 手动位小指示灯亮 (2) 按照要求操作上行/下行红色方块“开门”按钮并保持 2 s～3 s，同侧所有滑动门自动打开，“所有门关门且紧锁”指示灯灭 (3) 通过站台站务人员、视频监控等途径确认屏蔽门已打开
结束 IBP 紧急开门	完成 IBP 操作后，将钥匙从上行/下行“手动”位打到“自动”位，并拔出钥匙，此时手动位小指示灯熄灭，“所有门关闭且紧锁”指示灯亮起来
手动解锁开门(单个门)	(1) ① (屏蔽门)把开门钥匙插入右滑动门中部的手动解锁三角钥匙孔；② (安全门)把开门钥匙插入左/右滑动门中部的手动解锁三角钥匙孔 (2) ① (屏蔽门) 顺时针转动开门钥匙约 90° 并推拉门体，使门打开一定距离；② (安全门)逆时针(左门)/顺时针(右门) 转动开门钥匙约 90° 并推拉门体，使门打开一定距离 (3) 拔出钥匙，用手继续推拉门体，使门完全打开

表 1-3 “整侧门不能自动打开”处理程序

岗 位	处 置 步 骤
司机	(1) 发现车门打开而屏蔽门不能同步打开时，司机再次按压车门打开按钮，如故障仍存在，迅速操作 PSL 尝试打开，若仍不能打开则立即报告行调 (2) 广播通知乘客“因屏蔽门故障，我们正在处理，需要下车的乘客请稍等，多谢合作”。若发现有乘客已自行打开屏蔽门，视情况广播通知乘客：“因屏蔽门故障，请需要下车的乘客按屏蔽门上的指示操作打开把手，自行打开屏蔽门下车” (3) 视情况延长停站时间，乘客上下完毕后，关闭车门；凭车站“好了”信号，确认站台安全，动车出站 (4) 首趟车若未能及时将乘客打开的屏蔽门恢复，则司机凭车站“好了”信号确认站台安全，按行调指令动车。动车前注意屏蔽门与车门之间的空隙安全 (5) 后续列车进站前加强瞭望，做好广播，引导乘客从打开的屏蔽门处下车
站台岗	(1) 发现整侧屏蔽门无法打开时，立即通知车控室。接到车控室手动开启屏蔽门信号时，立即在站台侧手动开启(手动开)屏蔽门 (2) 在站台侧利用模式开关人工启动屏蔽门(模式开关置于“手动开”位)，若打至“手动开”位屏蔽门仍未打开，使用三角钥匙手动打开屏蔽门，保证每节车厢对应的屏蔽门至少有 1 挡常开，做好站台安全监控，引导乘客上下车 (3) 相关人员接到屏蔽门故障通知后，尽快到达故障点支援协助 (4) 确认乘客上下完毕，对打开的屏蔽门进行安全防护后向司机显示“好了”信号 (5) 待列车离开站台后，采取人工方式关闭乘客自行打开的门单元，并在关闭的屏蔽门上张贴“此门故障”贴纸，加强站台监控 (6) 若屏蔽门无关闭锁紧信号，则接车控室通知对后续列车采用互锁解除接发车 (7) 故障屏蔽门抢修时加强安全防护，当抢修影响行车安全时，接车控室通知后(后续列车进站前)要求维修人员停止抢修；抢修完毕后向车控室报告 (8) 故障屏蔽门单元恢复正常后，撤除屏蔽门故障告示

续表

岗　位	处　置　步　骤
车控室人员	(1) 接到故障通知后，立即在车控室操作 IBP 尝试打开屏蔽门；若仍无法打开，指示站台手动开启，向行调汇报 (2) 通知值班站长等人员前往站台协助处理故障屏蔽门，加强站台监控及广播 (3) 通知设调报修 (4) 若屏蔽门不能发出关闭锁紧信号，通知站台采用互锁解除接发后续列车 (5) 维修人员到达现场后，根据车站的客流情况，安排维修人员进行抢修，并通知站台岗、后续列车自后方站开出后，通知站台岗要求维修人员停止抢修 (6) 接到站台岗抢修完毕的通知后，向行调汇报
行调	(1) 接司机报整侧屏蔽门不能打开时，立即通知车站操作 IBP 尝试打开 (2) 通知全线司机“XX 站 XX 站台所有屏蔽门不能开启，进入该车站加强客服广播和瞭望” (3) 若屏蔽门系统不能发出关闭锁紧信号，事发首趟车应指令司机凭车站“好了”信号确认站台安全，操作互锁解除发车。后续则指令车站操作互锁解除接发后续列车，通知后续列车司机 (4) 故障门修复后，据需要，组织车站、维修人员和司机配合，利用下一列车进行一次相应侧的屏蔽门开关门试验

表 1-4　“整侧门不能自动关闭”处理程序

岗　位	处　置　步　骤
站台岗人员	(1) 发现整侧屏蔽门不能关闭，立即通知车控室 (2) 相关人员接到屏蔽门故障通知后，尽快到达故障点协助 (3) 列车客室门关闭时，引导站台乘客远离屏蔽门，防止乘客抢上抢下；客室门关闭后，确认站台安全，向司机显示“好了”信号，并密切注意站台乘客的动态，确保乘客安全 (4) 列车离开站台后，加强对站台的监控，防止在没有客车停站时乘客靠近开启的屏蔽门而掉下轨行区；故障修复前，接车控室通知操作互锁解除接发后续列车 (5) 故障屏蔽门抢修时加强安全防护，当抢修影响行车安全时，接车控室通知后(后续列车进站前)，要求维修人员停止抢修；抢修完毕后向车控室报告
司机	(1) 如发现车门关闭而屏蔽门不能同步关闭，则尝试再次按压关车门按钮，如故障仍存在，迅速操作 PSL 尝试关闭，若仍不能关闭(或屏蔽门再次自动打开)则立即报告行调 (2) 视情况延长站停时间。乘客上下车完毕，司机关闭车门，凭车站“好了”信号确认站台安全 (3) 首列车据行调指令动车，动车前注意车门与屏蔽门之间的空隙安全；若操作互锁解除发车则在动车后需汇报行调已操作互锁解除发车 (4) 后续列车司机进站加强瞭望，或根据要求进站限速运行

续表

岗 位	处 置 步 骤
车控室人员	(1) 接到故障通知后，立即在车控室操作 IBP 尝试关闭屏蔽门，仍无法关闭后，通知站台加强防护，报行调 (2) 报值站，通知相关人员前往站台协助处理屏蔽门故障，加强对站台的监控及广播引导 (3) 通知设调报修 (4) 故障修复前，经行调同意，使用互锁解除接发后续列车；后续列车后方站开出，通知站台人员操作互锁解除接车 (5) 当维修人员到达现场后，根据车站的客流情况，安排维修人员进行抢修，并通知站台岗；后续列车自后方站开出后，通知站台岗要求维修人员停止抢修 (6) 接到站台岗抢修完毕的通知后，向行调、设调汇报
行调	(1) 接司机报整侧屏蔽门不能关闭，立即通知车站操作 IBP 尝试关闭 (2) 故障无法及时排除时，首列车指令司机凭车站“好了”信号确认站台安全，操作互锁解除发车 (3) 故障修复前，指令车站采用互锁解除接发后续列车，通知司机“XX 站 XX 站台所有屏蔽门不能关闭，进入该车站限速并鸣笛，加强客服广播和瞭望，注意安全，掌握好动车时机” (4) 故障修复后，据需要，组织车站、维修人员和司机配合，利用下一列车进行一次相应侧的屏蔽门开关门试验

表 1-5 “单个或多个门不能打开”处理程序

岗 位	处 置 程 序
站台岗人员	(1) 站台人员发现后向行值报告“上(下)行 XX 号滑动门不能打开”，同时赶到故障门处引导乘客绕行并待命 (2) 站台人员用 LCB 钥匙将故障门打到“手动关”后，确认站台安全向司机显示“好了”信号 (3) 在故障门单元位置处进行看护，同时在站台黄线外设置 1m 防护线，并向行值报告“故障门进行 LCB 操作到手动关，1 米线已设置”
车控室人员	(1) 行值发现时则命令站台人员进行应急处理：”上(下)行 XX 号滑动门不能打开，立即前往处理” (2) 命令站台人员将故障滑动门通过 LCB 操作打到“手动关”，安排专人对故障门进行看护并及时设置 1m 防护线，故障门上应张贴“此门故障”标贴 (3) 当抢修人员到达车站时，视车站客流情况安排其进行抢修作业，当列车从后方站开出时，要求其停止作业；作业完毕后，应利用下一趟同侧列车进行开关门试验
司机	司机确认乘客安全后，正常操纵列车关门并离站

表 1-6 “单个或多个门不能关闭”处理程序

岗 位	处 置 程 序
站台岗人员	(1) 站台人员发现后向行值报告“上(下)行 XX 号滑动门门不能关闭” (2) 站台人员利用 LCB 钥匙将故障门打到“手动关”，确认站台安全，向司机显示“好了”信号 (3) 当发现两挡及以上门无法关闭时，通知车控室无法及时处理，在做好安全防护后向司机显示“好了”信号 (4) 在故障门单元位置处进行看护，同时在站台黄线外设置 1m 防护线，并向行值报告“故障门已进行 LCB 操作到手动关，1 米线已设置”
车控室人员	(1) 行值发现时则命令站台人员进行应急处理：“上(下)行 XX 号滑动门不能关闭，立即前往处理” (2) 当站台人员向车控室汇报无法及时处理时，行值立即报行调“车站无法及时处理，已确认站台安全，向司机显示“好了”信号” (3) 命令站台人员将故障滑动门通过 LCB 操作打到“手动关”，安排专人对故障门进行看护并及时设置 1 m 防护线 (4) 当抢修人员到达车站时，视车站客流情况安排其进行抢修作业，当列车从后方站开出时，要求其停止作业；作业完毕后，应利用下一趟同侧列车进行开关门试验
司机	(1) 司机确认乘客安全后，正常操纵列车关门并离站 (2) 司机得到行调要求操作互锁解除指令后，确认站台安全，操作互锁解除发车，操作完毕后向行调汇报
行调	(1) 当车站汇报多挡门无法关闭故障时，立即要求车站确认站台安全后向司机显示“好了”信号，同时指令司机确认站台安全后，凭车站“好了”信号操作互锁解除发车，接到司机操作互锁解除通知后，告知车站前往端门外待命 (2) 故障修复前通知全线司机进入屏蔽门故障车站做好客室广播 (3) 故障门修复后，据需要，组织车站和司机配合，利用下一列车进行一次相应侧的屏蔽门开关门试验

表 1-7 “屏蔽门(安全门)故障导致列车无法进站或已出站的列车停车”处理程序

故障现象	岗位	处 置 步 骤
屏蔽门关闭后，列车发车时未收到屏蔽门“关闭且锁紧信号”	司机	(1) 当客车在车站关好屏蔽门、车门后，列车发车时未收到屏蔽门“关闭且锁紧信号”，重开一次车门及屏蔽门，故障仍无法清除后，司机确认车辆状态正常及屏蔽门与车门间隙安全后立即报告行调 (2) 首趟车凭车站“好了”信号确认站台安全；凭行调指令动车
	行调	(1) 接司机通知，立即通知车站确认站台安全并协助司机；司机凭车站“好了”信号确认站台安全，操作互锁解除发车；若互锁解除无效，则指令司机 RM 模式动车 (2) 故障不能及时排除影响后续列车时，指派车站用“互锁解除”接发后续列车 (3) 通知后续列车司机故障情况，加强瞭望
	站台岗人员	(1) 接行调通知，车站人员确认乘客上下完毕、站台安全后，向司机显示“好了”信号 (2) 按行调通知，使用“互锁解除”接发后续列车

续表

故障现象	岗位	处 置 步 骤
列车进站前未收到屏蔽门“关闭且锁紧信号”，发生紧急制动	司机	(1) 司机报告行调，据行调指令，进站 RM 模式对标停车 (2) 后续列车司机加强瞭望
	行调	(1) 接司机通知，安排车站确认站台区域轨道空闲和站台安全后，通知司机 RM 模式对标停车 (2) 故障不能及时排除时，通知后续列车司机
	站台岗人员	(1) 确认站台区域轨道空闲和站台安全后报行调；安排人员立即到故障站台进行故障应急处理，并引导乘客上下车 (2) 若故障不能及时排除影响发车或影响后续列车，据行调同意用“互锁解除”接发列车，并加强站台监控
列车出站过程中突然收不到屏蔽门“关闭且锁紧信号”，发生紧急制动	司机	(1) 司机立即报行调，行调及时要求车站确认站台安全 (2) 根据行调指令，司机转 RM 模式继续动车，直至下一信号机并根据其显示运行。若途中能收到速度码则转 ATP 监督下的人工驾驶(ATPM)模式运行
	行调	(1) 接司机通知，安排车站确认站台区域安全后，通知司机 RM 模式动车 (2) 故障不能及时排除时，通知后续列车司机
	站台岗人员	(1) 车站站务人员尽快到故障站台确认所有屏蔽门是否处于关闭状态 (2) 车站确认站台安全后报行调

任务评价

根据以上学习内容，评价自己对本任务内容的掌握程度，在下表相应空格里打“√”。

评价内容	差	合格	良好	优秀
屏蔽门组成和功能的认识				
屏蔽门操作级别				
屏蔽门故障处理				

任务三　人工准备进路

相关知识

一、作业条件

(1) 突发设备故障，经行调批准后，由值班站长组织进行。

(2) 进行该项作业需不少于 2 人，其中一人必须是车站值班站长岗位及以上，另一人必须是站务员岗位及以上。

二、作业工器具

红闪灯、信号灯(红、绿)、手摇把、电动手摇把、钩锁器、蝶形钥匙、800 MHz 无线便携台、400 MHz 无线便携台、扳手、手电筒、荧光衣、安全帽、手套。

三、安全要点

(1) 严禁未经行调同意擅自进入轨行区。

(2) 准备进路人员必须穿荧光衣，作业时设置红闪灯防护。

(3) 道岔开通位置必须准确无误，进路准备完成后，确保人员、工器具出清或到达安全避让点。

四、转辙机操作规程

转辙机操作规程图解见图 1-11～图 1-15。

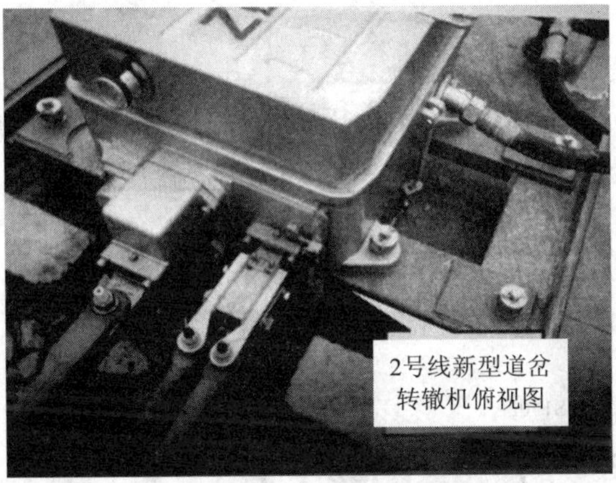

图 1-11　转辙机图解(1)

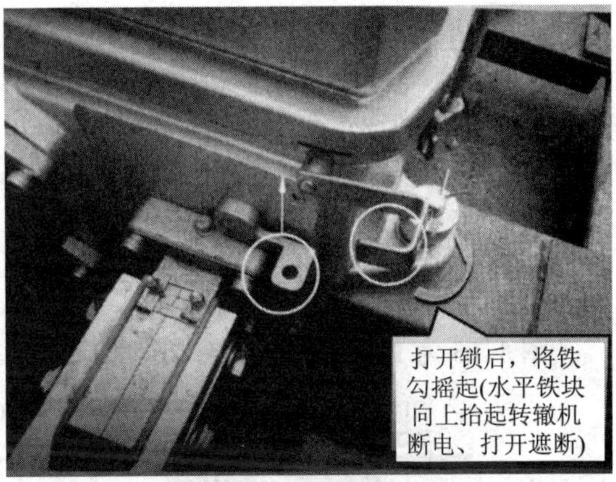

图 1-12　转辙机图解(2)

图 1-13　转辙机图解(3)

图 1-14　转辙机图解(4)

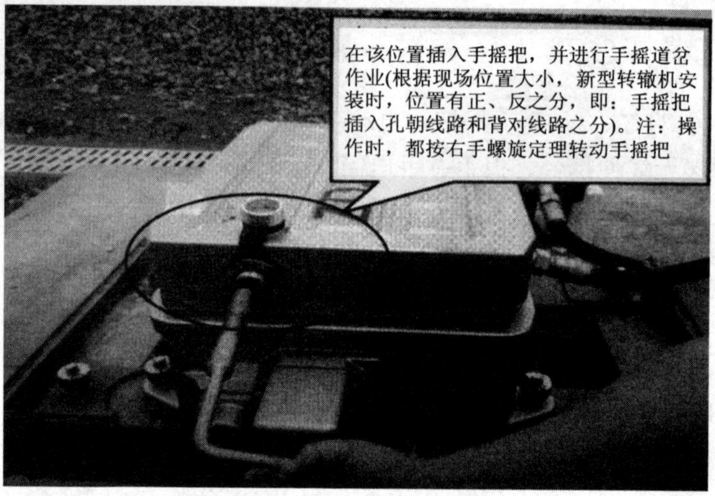

图 1-15 转辙机图解(5)

任务实施

一、进入轨行区安全防护

进入轨行区前，头戴安全帽，身穿荧光背心，手持 800 MHz 无线便携台及红闪灯，协助值班站长完成手摇道岔前准备工作。

二、道岔示意图及判断

图 1-16 为 HMI 上东环路站道岔示意图。

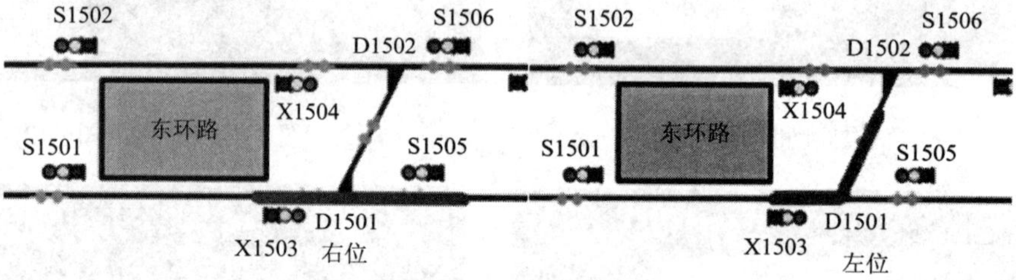

图 1-16 东环路站道岔示意图

道岔位置判断方法：两人共同确认尖轨密贴。一人手指尖轨，口述“X 号(道岔编号最后 2 位号码，下同)道岔开通定(或反)位，尖轨密贴”，另一人(值班站长岗位及以上)确认。

三、手摇道岔作业步骤

手摇道岔工作必须严格执行“手摇道岔六部曲”。

一看：看道岔开通位置是否正确，有无勾锁器，尖轨和基本轨之间有无异物。

二开：打开盖孔板及钩锁器和断电处的锁，拆下钩锁器并断电。

三摇：摇动道岔转向所需的位置，在听到“咔嚓”的落槽声后停止。

四确认：手指尖轨，口呼“X 号(道岔编号最后 2 位号码，下同)道岔开通定(或反)位，尖轨密贴”，另一人确认。

五加锁：另一人在确认道岔位置开通正确后，用钩锁器锁定道岔尖轨。使用钩锁器在尖轨锁闭杆所在位置加锁道岔。

六汇报：向车控室汇报道岔开通位置正确(汇报用语：X 号道岔开通 X 位，尖轨密贴，加锁完毕)和线路出清情况。

表 1-8 为人工准备进路作业标准。

表 1-8 人工准备进路作业标准

作业项目	作业步骤及标准
准备工作	(1) 到车控室确认故障信息、列车位置，领取任务布置图，接受行值布置命令并复诵 (2) 准备作业工器具并检查其状态 (3) 行值及时开启隧道工作照明和紧急照明 (4) 进路准备人员穿上荧光衣后到达对应线路落轨梯处，向行调请点并报本站 800M 号码，得到行调同意后进入轨行区
人工准备进路	(1) 设置安全防护，标准为：在来车方向距故障道岔约 15 m 处道床中央设置红闪灯；当道岔距离列车不足 15 m 时，可在来车方向合适位置道床中央设置 (2) 检查道岔状态，标准为：道岔尖轨及辙叉心无异物，尖轨与基本轨密贴 (3) 确认道岔开通位置，标准为：站在两基本轨之间面对尖轨，若尖轨与基本轨分离在定侧(密贴在反侧)，道岔开通定位；若尖轨与基本轨分离在反侧(密贴在定侧)，道岔开通反位 (4) 道岔位置正确，加锁道岔，标准为：使用钩锁器在尖轨锁闭杆所在位置加锁道岔 (5) 道岔位置不正确，切断转辙机电源，打开盖孔板(道岔已被钩锁器加锁时须先拆下钩锁器)，将手摇把插入手摇把孔，摇道岔转向所需的位置，标准：听到“咔嚓”的落槽声后停止(如听不到落槽声，则确认尖轨密贴即可)。值班站长岗位及以上的一人摇靠近尖轨的转机，另一人摇远离尖轨方向的转辙机 (6) 确认道岔位置，标准为：两人共同确认尖轨密贴，一人手指尖轨，口述“X 号(道岔编号最后 2 位号码，下同)道岔开通定(或反)位，尖轨密贴”，另一人(值班站长岗位及以上)确认 (7) 加锁道岔，标准为：使用钩锁器在尖轨锁闭杆所在位置加锁道岔
收尾工作	(1) 作业完毕后，清点作业人数，确保全部人员出清轨行区，或者到达安全区域内 (2) 检查作业工器具(手摇把、电动手摇把、蝶形钥匙、钩锁器、扳手、铜锁及钥匙、800 MHz 无线便携台、400 MHz 无线便携台、荧光衣、手套、红闪灯、信号灯，手电筒)数量，确保无工器具遗留轨行区 (3) 汇报，标准为：道岔故障时向行调汇报进路准备情况，汇报用语：“行调，X 号开 X 位(依次说出所有故障道岔)全部加锁，X 道(线)至 X 道(线)方向接(发)车准备完毕，线路出清。”采用电话闭塞法组织行车时，准备进路人员除向行调汇报外，还要向车控室汇报，汇报用语：“车控室，X 号道岔开通 X 位(依次说出所有故障道岔)，全部加锁，X 道(线)至 X 道(线)方向接(发)车进路准备完毕，线路出清。”

专家提示

在正线运营手摇道岔时，务必确认线路目前方向及开通方向，及时将道岔摇到准确位置后，撤离现场。

任务评价

根据以上学习内容，评价自己对本任务内容的掌握程度，在下表相应空格里打“√”。

评 价 内 容	差	合格	良好	优秀
人工准备进路安全防护				
手摇道岔六步曲				
道岔位置判断				

任务四 协助施工管理

相关知识

一、协助施工管理的重要性

对于站务员而言，在岗位上发现设备故障时应立即向车控室或当班值班站长进行汇报。站务员应准确汇报设备设施故障情况，并能及时对故障设备设施做好安全围蔽和摆放警示标牌，同时做好乘客解释工作。前期发现设备故障并做好相关防护，能有效解除安全隐患，防止后续未知情况的发生。

二、施工术语和定义

(1) 施工负责人：对施工作业的组织、安全和管理全面负责的人员。每项施工作业设置一名施工负责人。

(2) 施工联络人：同一施工作业多个地点进行时，施工负责人所在作业地点外的其他各个作业地点负责施工组织、安全和管理的人员。

(3) 影响行车的施工：指进行该项施工作业时，如果当天或次日线路上有列车、工程车运行，会影响行车设备运行、降低或终止行车条件、妨碍行车安全的施工。

(4) 影响客运的施工：指进行该项施工作业时，客运服务设备设施功能降低、影响客流组织、影响服务质量的施工。

(5) 施工作业令：允许在运营分公司所辖范围或者所辖设备内进行施工的一种凭证。

(6) 主站：施工负责人持“施工作业令”到某个车站登记请点施工的车站称为主站(如果同一施工项目多站进行，其作业区含集中站时，主站原则上在集中站)。

(7) 辅站：同一施工项目多站进行时，施工联络人到作业区域包含的各站(除主站外)办理请销点手续的车站称为辅站；同一施工项目安排主站和辅站原则上不超过 6 个。

(8) 开车作业：需要开行工程车、电客车的施工作业。

(9) 施工区域出清：指在施工结束后，施工负责人确认所有作业人员已撤离，有关设备、设施已恢复正常，工器具、物料已撤走，无妨碍行车和设备安全、降低服务质量的因素等。

(10) 外单位：运营分公司以外的单位。

(11) 归口管理部门：运营分公司以外的单位需要在运营分公司所辖范围、所辖设备内施工时，运营分公司对应协助申报计划、办理施工请销点并负有管理责任等事项的部门称为归口管理部门。

三、车站施工作业分类

由于车站施工种类繁多、要求各异，车站施工作业需按提前申报、统筹安排、严格审批的原则进行管理。为了确保施工作业安全，对施工作业实施分类管理。车站施工作业根据作业地点和性质的不同分为不同的种类，并冠以特定号码，便于识别和组织管理，见表 1-9。

表 1-9 施工分类

A 类	影响正线、辅助线行车的施工	A1：在正线、辅助线进行，需要开行工程列车、电客车的施工 A2：在正线、辅助线进行，不需要开行工程列车、电客车的施工 A3：在车站、变电所、控制中心范围内，影响正线、辅助线行车设备运行的施工
B 类	影响车场的施工	B1：在车场范围内开行电客车、工程列车的施工(不含库内电客车、工程车检修) B2：在车场范围内不需要开行电客车、工程列车但在车场线路限界内；在车场线路限界外 3 m 内种植树木、搭建相关设施及影响车场行车的施工 B3：车场内除 B1、B2 以外的施工(综合部、食堂等生活办公设备设施维修除外)
C 类	在车站、变电所、控制中心等范围内不影响行车的施工	C1：大面积影响客运或影响消防设备正常使用或需要动火的作业(含外单位进入变电所、通信设备房、信号设备房、环控电控室、照明配电室、蓄电池室、水泵房、其他气体灭火保护房内作业) C2：除 C1 外其他不影响行车的施工

四、施工防护

所有施工作业必须按施工管理规定以及各专业检修规程的规定设置安全防护，施工负责人负责检查落实施工作业的安全防护措施，确保防护到位，杜绝安全隐患。

在施工作业中，安全防护主要包含以下几方面的内容：

(1) A1 类施工作业防护。站间及跨越站间线路施工时，除作业单位设置防护外，施工作业区段两端车站还负责在车站端墙门对应线路中央(尽头线除外)处各设置一盏红闪灯防护(特殊情况下，白天高架车站派专人使用红色信号旗或红牌进行防护，下同)。得到行调批准下轨行区后由请点车站通知相关车站设置红闪灯防护；施工线路出清后，由销点车站通知相关车站撤除红闪灯。

(2) A1 以外的施工作业，由施工负责人在作业过程中设置必要的防护。

(3) 全线进行封锁的施工作业，无需放置红闪灯进行防护。A1 类施工作业区域两端在区间(不包含两端站台)时，红闪灯设置如图 1-17 所示。A1 类施工作业区域一端在站台一端在区间时，红闪灯设置如图 1-18 所示。A1 类施工作业区域仅在站台时，红闪灯设置如图 1-19 所示。

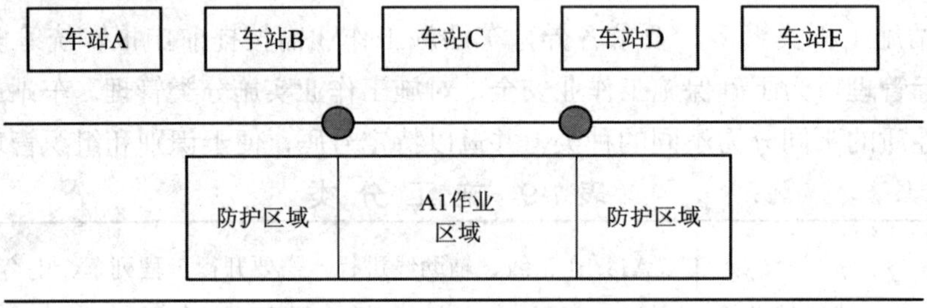

图 1-17　红闪灯设置示意图(1)

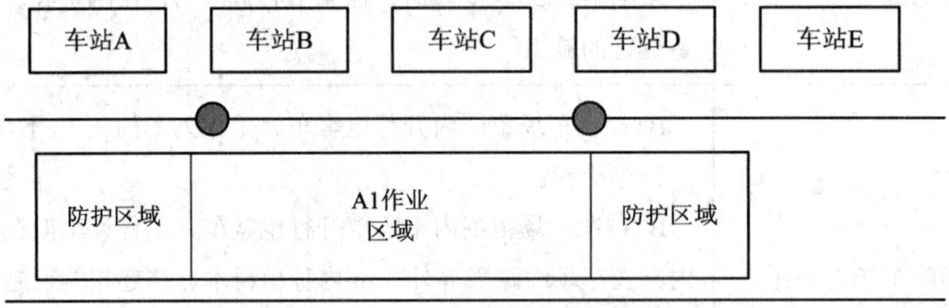

图 1-18　红闪灯设置示意图(2)

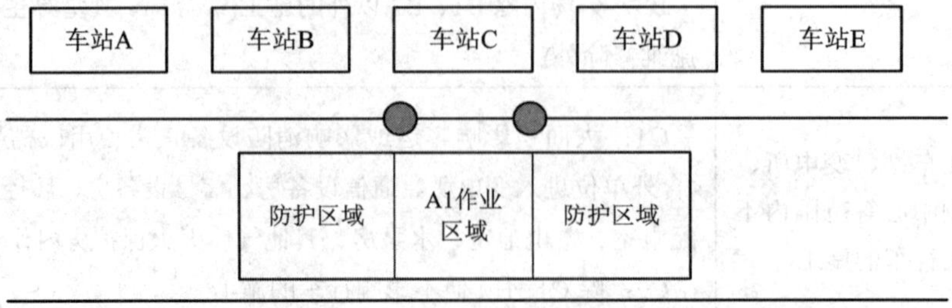

图 1-19　红闪灯设置示意图(3)

(4) 在施工作业时间内进行检修需转换道岔时，应做好现场安全防护，加强联系，作业单位在操作道岔的作业现场应设防护人员，现场防护人员确认所有作业人员到达安全地点后，施工负责人方可通知车控室操作道岔。

(5) 凡在运营时间内进行作业，必须做好防护措施，确保乘客的安全，最大限度减少对乘客的影响。

(6) 多家施工单位进入同一封锁区间内施工时：① 应在施工协调会上指定施工主体单位，由施工主体单位负责协调施工区域内的安全防护，并指派人员负责施工期间的安全防护；② 由施工主体单位负责施工请点，没有得到主体单位施工负责人的指令，任何单位不得擅自下轨行区；③ 各单位施工完毕后，必须向施工主体单位施工负责人汇报，由施工主体单位负责确认线路出清情况，并向车站办理销点手续。

五、物料清点

轨行区的施工作业，施工负责人请销点作业时须持施工工具物料清单(格式见表 1-10)。请点清单留存在请点站备案，销点清单留存在销点站备案，施工工具物料由施工负责人(施工联络人)负责清点、管理。

施工请/销点时，对物料清单逐一清点后汇报行车值班员。发现设备故障时向行车值班员汇报故障信息。

表 1-10　施工工具物料清单

<table>
<tr><td>作业日期</td><td></td><td>请/销点站</td><td></td></tr>
<tr><td>作业代码</td><td></td><td>作业名称</td><td></td></tr>
<tr><td>作业单位</td><td colspan="3"></td></tr>
<tr><td>施工人数</td><td colspan="3"></td></tr>
<tr><td rowspan="4">施工工器具、物料</td><td colspan="2">品名</td><td>数量</td></tr>
<tr><td colspan="2"></td><td></td></tr>
<tr><td colspan="2"></td><td></td></tr>
<tr><td colspan="2"></td><td></td></tr>
<tr><td>施工负责人
(施工联络人)
签名</td><td colspan="3"></td></tr>
</table>

任务实施

一、汇报设备设施故障

当站务员发现车站某个设备发生故障时，应先简要判断设备发生故障的原因，然后将故障设备的相关情况(设备目前的状态、之前是否发生过异常情况、是否对客运服务造成影响等)报告给车控室。

例如，车站 A 口上行电扶梯停止，站务员发现时该电扶梯已处于停止状态，电扶梯上无乘客。电扶梯报故障代码为 GA5。此时，站务员可以这样向车控室报告故障：车站 A 口上行电扶梯停止运行，梯级上无乘客滞留，无乘客受伤，扶梯有故障代码 GA5。

二、围蔽防护、警示标牌的设置

当车站发生设备故障暂时无法使用时，应在该设备旁放置相应的暂停服务或正在维修标牌，提醒乘客使用其他的设备。若该台设备可能存在乘客安全隐患则应进行围蔽防护。

例如，车站某电扶梯因故障停止运行，站务员发现后应当立即按下扶梯的紧停按钮，防止扶梯由于特殊原因再次启动造成客伤，然后提醒乘客不要乘坐该台电扶梯，并立即用三折围栏进行围蔽，直到电扶梯工班人员修复该台电扶梯为止。

又如，自动售票机(Ticket Vending Machine, TVM)、自动检票机(Automatic Gate Machine, AGM)发生故障，站务员发现后应及时放置暂停服务标牌，提醒乘客使用其他正常的设备。

三、施工现场监控(含人员、工器具、物料)

1. 轨行区的施工

车站轨行区线路分为站内线路和站间线路。站内线路指车站站台两端端墙内方的线路，站间线路指相邻两站间的区间线路(按两站相邻侧端墙处计算)。在轨行区施工时，需设置红闪灯防护，防止人、车进入施工区域造成事故。

在站内线路施工时，由施工负责人负责设置防护红闪灯，设置位置在该车站两端墙外方轨道线路中央的道床上。

在站间线路施工时，由于涉及两端的两个车站，因此需由两个车站共同实施防护。

在施工人员进入轨行区前后，站务员应做以下几方面的工作：

(1) 检查施工作业令以及施工物料清单。仔细核对下轨行区的人数及所带物料是否与清单上一致，检查施工人员自身安全防护是否做到位。

(2) 在得到车控室允许施工人员进入轨行区的命令后，打开端门让相关人员和物料下轨行区，并报告车控室。

(3) 检查施工人员红闪灯放置情况及挂地线情况是否符合要求，必要时和车控室做好核对和信息交流。

(4) 在施工过程中，做好端门把控，防止无关人员进出。若有施工人员出轨行区，应及时做好记录并报告车控室。

(5) 在施工结束后，核对好出端门的人数和物料并报告车控室。确保所有防护已撤除，所有人员、工器具、物料已出清轨行区。

2. 站内施工

站内施工主要为 C1 类和 C2 类作业。站务员应当做好以下工作：

(1) 检查施工人员是否有超出其施工内容的作业，必要时联系车控室进行核实。

(2) 若外单位在站内需要用电，接拉电线，检查其是否具有用电资质(与车控室核实其是否具有临时用电申请单等)、接拉电线是否会影响到车站的正常运作、电线是否影响乘客行走或对乘客造成危险。必要时可拒绝其施工或让其在运营结束后再进行施工。

(3) 若该施工为动火作业，检查其动火令，确认旁边有灭火器(数量应与动火令上一致)，以及灭火人是否在现场。

(4) 做好施工的监督工作，发现异常及时与车控室联系。

任务评价

根据以上学习内容，评价自己对本任务内容的掌握程度，在下表相应空格里打“√”。

评 价 内 容	差	合格	良好	优秀
对设备设施故障汇报的掌握程度				
对故障设备围蔽防护、设置警示标志的掌握程度				
对施工现场监控的掌握程度				
学习中存在的问题或感悟				

任务五　消防器材使用

相关知识

一、地铁消防知识概述

地铁火灾具有排烟困难、散热慢、高温、高热、全面燃烧、安全疏散困难、扑救困难、危害大等特点。

消防标志是用于表明消防设施特征的符号。红色消防标志牌用于说明各种消防设备、设施安装的位置，引导人们在发生火灾时采取合理正确的行动。绿色发光疏散指示标志设置在疏散走道和主要疏散路线的地面或靠近地面的墙上。

依据《火灾分类》(GB/T 4968—2008)国家标准，火灾根据可燃物的类型和燃烧特性，分为A、B、C、D、E、F、K七类，如表1-11所示。

表1-11 火灾分类

A类火灾	固体物质火灾	固体物质通常具有有机物性质，一般在燃烧时能产生灼热的余烬，如木材、煤、棉、毛、纸张等火灾
B类火灾	液体或可熔化的固体物质火灾	如煤油、柴油、原油、甲醇、乙醇、沥青、石蜡等火灾
C类火灾	气体火灾	如煤气、天然气、甲烷、乙烷、丙烷、氢气等火灾
D类火灾	金属火灾	如钾、钠、镁、铝镁合金等火灾
E类火灾	带电火灾	物体带电燃烧的火灾
F类火灾	烹饪器具内的烹饪物(如动植物油脂)火灾	烹饪器具内的烹饪物(如动植物油脂)火灾
K类火灾	食用油类火灾	通常食用油的平均燃烧速率大于烃类油，与其他类型的液体火相比，食用油火很难被扑灭，由于有很多不同于烃类油火灾的行为，它被单独划分为一类火灾

二、灭火器及消防器具介绍

1. 灭火器

灭火器主要是用于扑灭初期火灾的器具。正确使用灭火器，可避免火灾造成的重大损失。

灭火器的分类方法很多，通常按充装灭火剂的类型来划分。常见的有干粉灭火器、二氧化碳灭火器、泡沫灭火器、清水灭火器4种。

(1) 干粉灭火器适用于易燃、可燃液体、气体及带电设备的初起火灾(A、B、C类火灾)，干粉灭火剂的主要成分是碳酸氢钠(即小苏打)和磷酸氢二铵。手提式干粉灭火器如图1-20所示。

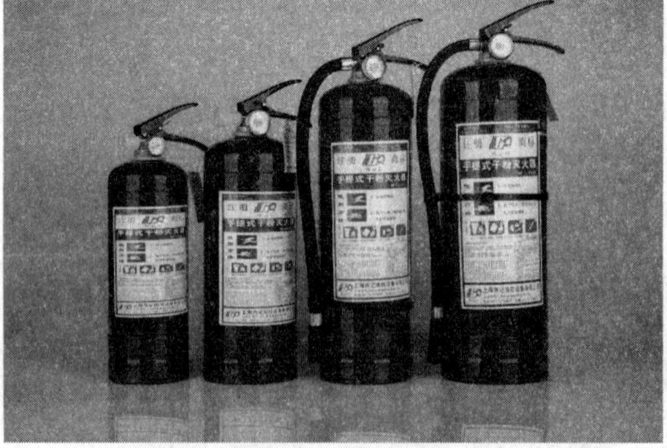

图1-20 手提式干粉灭火器

(2) 二氧化碳手提式灭火器结构简单、操作灵活、使用方便，具有灭火速度快、效率高，可连续或间歇喷射等优点，适用于扑救油类、易燃液体、固体有机物、气体和电气设备的初起火灾。

在具体操作中应注意，轨道交通内所用的是干粉灭火器，常见的火灾以电器老化居多，干粉灭火器不宜操作，适用的灭火器为二氧化碳灭火器。

(3) 泡沫灭火器主要适用于扑救各种油类火灾、木材、纤维，橡胶等固体可燃物火灾。

(4) 清水灭火器采用清水作灭火药剂，加入一定量的添加剂，可扑灭纸张、木材、织品等引起的A类火灾。

轨道交通车站均设有干粉灭火器，可扑灭易燃、可燃液体、气体及带电设备的初起火灾。

2. 消火栓

在车站范围内消火栓分为两种，一种是室内消火栓，另外一种是室外消火栓。室内消火栓常用于各类型车站，而室外消火栓普遍应用于地面或高架车站。

室内消火栓和室外消火栓均由消火栓门、启泵按钮、水枪头、卷盘、水带及阀门组成。

3. 防毒面具

在轨道交通车站内，防毒面具又称过滤式消防自救呼吸器，如图1-21所示。

图1-21 防毒面具

火灾自救面具统称呼吸器、空气呼吸器，是用来防御缺氧环境或空气中有毒有害物质进入人体呼吸道的保护用具。

4. 防火卷帘门

在轨道交通车站范围内均采用无机布防火卷帘门，当发生火灾触发烟感温感时防火卷门就会降下来。另外，每个车站出入口也设有卷帘门，采用铝合金材料，称为防盗卷帘门。

任务实施

一、佩戴防毒面具

第一步：打开防毒面具盒，将防毒面具取出。

第二步：拔掉两个红色的密封塞。

第三步：将头部套入防毒面具内，同时拉紧头部绳带，撤离火场。

图 1-22 所示为防毒面具佩戴方法示意图。

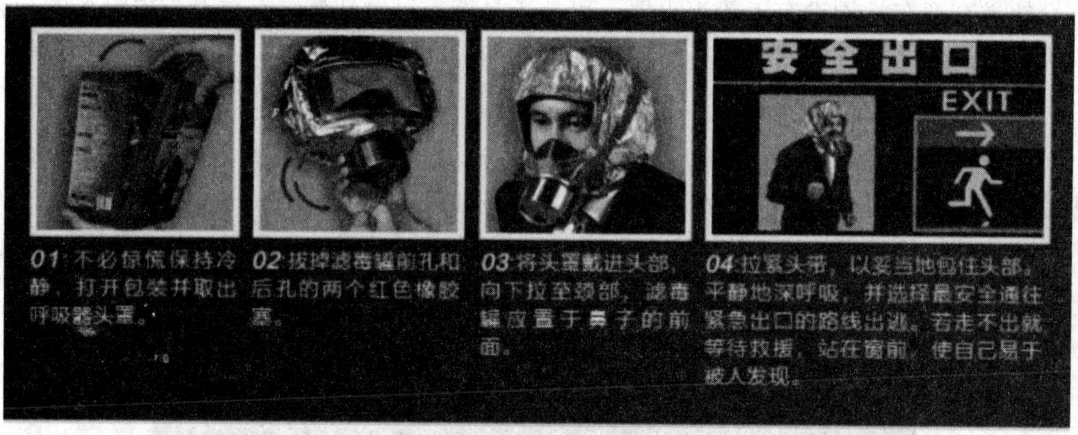

图 1-22　防毒面具佩戴方法

二、使用灭火器

第一步：检查压力表指针是否指向绿色正常区域，将灭火器上下摇晃。

第二步：拔掉保险销。

第三步：左手紧握喷嘴，右手提起灭火器。

第四步：离火源上风口 3 m～5 m 处，对准火源右手用力压下喷射，直至将火扑灭。

三、操作防火卷帘门

第一步：插入钥匙并转动上电，使按钮可以被操作。

第二步：按下“上”按钮使防火卷帘门上升，或按下“下”按钮，使防火卷帘门下降，若上升下降过程中出现异常，应及时按下停止按钮。

第三步：转动钥匙，使操作盒断电，拔出钥匙。

在操作盒失效情况下，卷帘门上方均设有铁链，以人工形式操作防火卷帘门或防盗卷帘门。

四、操作消火栓

第一步：打开消火栓门，按下启泵按钮。

第二步：其中一人接好水带和枪头奔向火源，同时用脚踩住水带。

第三步：另一人接好水带和阀门口。

第四步：逆时针打开阀门水，两人会合共同灭火。

任务评价

根据以上学习内容，评价自己对本任务内容的掌握程度，在下表相应空格打“√”。

评 价 内 容	差	合格	良好	优秀
对防毒面具佩戴的掌握程度				
对灭火器使用的掌握程度				
对防火卷帘门操作的掌握程度				
对消火栓操作的掌握程度				
学习中存在的问题或感悟				

模 块 训 练

任务训练单

班级：　　　　　　　　姓名：　　　　　　　　训练时间：

任务训练单	行车施工安全相关作业
任务目标	(1) 能按照要求独立维持站台工作秩序、能熟练地按标准显示手信号 (2) 能按照要求独立对屏蔽门、安全门的有关故障进行处理，发现故障后能及时准确地汇报故障 (3) 能熟练地做好进入轨行区的安全防护，能够独立进行手摇道岔、道岔位置判断、出清线路等有关操作 (4) 能按照要求独立对故障设备设施进行汇报并做好安全围蔽及摆放警示标牌，能对现场做好监控 (5) 能按照要求独立使用防毒面具、灭火器、防火卷帘门、消火栓
任务训练	请从下列任务中选择其中的两个进行训练：手信号显示、安全门/屏蔽门故障处理、人工准备进路、故障信息汇报、故障设备防护围蔽、施工监控、防毒面具使用、灭火器使用、防火卷帘门操作、消火栓使用

任务训练一
(说明：总结作业流程，并在实训室进行实操训练或者上机在模拟软件上完成实操训练。)

任务训练二
(说明：总结作业流程，并在实训室进行实操训练或者上机在模拟软件上完成实操训练。)

任务训练的其他说明或建议：

指导老师评语：

任务完成人签字： 日期： 年 月 日

指导老师签字： 日期： 年 月 日

模块小结

本模块讲述了站台接发车、手信号显示、紧急停车按压按钮；屏蔽门、安全门组成，屏蔽门、安全门操作，PSL 功能及操作；人工准备进路时机、要领；设备故障报修的信息界面，物料的清点程序。通过本模块的学习，使培训者学会佩戴防毒面具，学会使用灭火器，操作卷帘门和消火栓，通过以上内容的学习，使站务员能够对行车施工方面的工作有一个全面的了解，能够在日常工作中协助值班员以及值班站长做好行车施工方面的工作。

模块自测

一、填空题

1. 停车手信号的显示地点为(　　　　)，信号灯显示方式为(　　　　)。
2. 发车手信号，信号旗显示方式为(　　　　)，收回时机为(　　　　)。
3. 屏蔽门操作优先级从高到低依次为：(　　　　)。
4. 屏蔽门门体分为(　　　　)、(　　　　)、(　　　　)和(　　　　)。
5. 防毒面具有效期为(　　　　)年。灭火器初次灌装有效期为(　　　　)年。
6. 灭火器的使用步骤：(　　　　)、(　　　　)、(　　　　)、(　　　　)、(　　　　)。

二、简答题

1. 简述单扇屏蔽门发生故障的处理方法。
2. 简述手摇道岔六部曲的内容。
3. 如何判断道岔定反位?
4. 轨行区施工作业应如何做好防护?
5. 简述防毒面具的佩戴方法。
6. 简述防火卷帘门的使用方法以及在使用中的注意事项。
7. 利用本模块中学习的知识，现场演示消火栓的使用步骤。
8. 现场演示站台接发车的使用步骤。

拓展自测

一、选择题

1. 以下属于辅助线的有(　　)。

   A. 渡线　　B. 存车线　　C. 折返线　　D. 联络线　　E. 出入段线

2．向封锁线路发出救援列车时，不办理行车闭塞手续，以(　　)作为进入该封锁线路的许可。

A．路票　　B．速度码

C．调度命令　　D．调车手信号

3．电话闭塞行车法时，电客车在闭塞区域内采用(　　)模式运行。

A．SM　　B．AM

C．NRM　　D．RM

4．列车前部指列车(　　)。

A．第一节车厢　　B．第一、二节车厢

C．第一节车厢第一、二个门　　D．司机室所在位置

5．下列属于行调书面命令的内容有(　　)。

A．列车救援时　　B．封锁、开通线路

C．发布线路限速或取消限速　　D．行调认为有必要记录的命令

6．车站需要在行车日志上记录并报点的有(　　)。

A．运营前轨道车

B．电话闭塞法办理的列车

C．区段进路法办理的列车

D．晚点或临时加开列车

E．封锁区域内开行的工程车、电客车

F．专列、救援列车、跳停列车等非正常运营的列车

7．下列需车站配合司机操作 PSL 开关门的是(　　)。

A．电话闭塞法组织行车时　　B．列车反向运行至车站

C．列车车门故障　　D．区段进路法组织行车时

8．整侧屏蔽门故障时(无法关闭)，车站好了信号显示的时机是(　　)。

A．待车门、屏蔽门关闭时　　B．待车门关闭，无夹人夹物时

C．待车控室通知　　D．待行调通知

9．巡道、巡检人员在作业中发现隧道线路积水时，应立即报(　　)。

A．行调　　B．设调

C．工务调度　　D．站务车间调度

10．工程车必须在正线首班车运营前(　　)分钟出清正线。

A．40　　B．45

C．50　　D．60

11．ATO 是(　　)。

A．列车自动防护　　B．列车自动运行

C．列车自动监控　　D．列车自动控制

12．整侧屏蔽门关闭后，IBP 盘上的“开门到位”指示灯显示(　　)。

A．绿色　　B．红色

C．黄色　　D．灭灯

13．IBP 盘操作门禁释放，相应显示等亮(　)色。

A．绿　　B．黄　　C．蓝　　D．红

14．紧急停车有效范围通常为(　　)。

A．相应的站台区段

B．相应的计轴虚拟区段

C．相应的站台区段和相邻的计轴虚拟区段

D．相应的站台区段或相邻的计轴虚拟区段

15．电客车火灾发生在车站时，(　　)担任前期现场处置负责人。

A．司机　　B．值班站长

C．行车调度员　　D．值班调度长

16．人工办理进路是设置防护比照(　　)类施工进行防护。

A．A1　　B．A2　　C．C1　　D．C2

17．交接路票时必须核对路票相关要素(　　)。

A．电话记录号码　　B．车次

C．区间　　D．时间

E．签名　　F．行车专用章

G．反方向运行章　　H．接车股道

18．以下属于工程车车次编号的是(　　)。

A．045　　B．052　　C．501　　D．601

二、判断题

1．车站两端端门内方为站内，相邻两车站端门之间为区间。(　　)

2．OCC 大厅设有 2 套 ATS 中央工作站和 1 套中央联锁工作站(CLOW)。(　　)

3．正线道岔侧向允许通过最大速度为 25 km/h。(　　)

4．车站每侧站台设有 2 个紧急停车按钮，紧急停车按钮状态作为进路排列所必须检查的联锁条件之一。(　　)

5．电客车制动有电制动和空气制动两种方式，其制动优先级为：空气制动、再生制动、电阻制动。(　　)

6．屏蔽门开关门优先级控制由低到高分别为：车站级自动控制(信号系统发送开关门命令)、站台端头 PSL(就地控制盘)控制、车站 IBP 控制、滑动门 LCB(就地控制盒)控制、滑动门手动控制。(　　)

7．《列车运行图》是行车组织工作的基础，《列车运行图》以运作命令或值班调度长调度命令的形式发布执行。(　　)

8．抢修施工作业有优先权，一号线 OCC 在组织实施施工计划时有调整权。（　）

9．运营时间的设备抢修必须遵循先通后复的原则，在不影响运行安全的前提下，先应急处理恢复行车，待运营结束后再组织进一步的维修。（　）

10．当 ATP 轨旁设备发生故障，具备 ITC 功能时，优先采用点式列车控制闭塞法(ITC 模式)组织行车时，否则该区段采用区段进路闭塞法组织行车，凭地面信号显示以 NRM 模式驾驶列车。（　）

11．除行调特殊要求外，末班车不得办理跳停作业。（　）

12．站务员无权对本班车站内的保洁、商铺人员、施工人员等进行管理。（　）

13．工程车可以牵引运行，也可推进运行，各站按正常列车办理。（　）

14．站内线路施工时，施工人员可以不设置红闪灯，车站人员负责设置。（　）

15．各施工部门、单位原则上必须在批准的作业结束时间内完成施工作业及线路出清，如果因故需要延长作业时间，由施工领导人于批准的作业结束时间前 20 分钟向行调申请。（　）

16．单个联锁区故障时，非故障车站(故障区段的相邻车站)同意闭塞的条件是接车进路准备完毕、接车站台及前方区间空闲。（　）

17．故障联锁站正线上的道岔均要开通正线，并使用钩锁器锁定；两端站的折返道岔在确认位置正确后，使用钩锁器但只挂不锁。（　）

18．办理施工时，对于本单位的施工作业人员和施工负责人也须核实证件。（　）

19．施工作业时稍微超出作业区域时可不向行调申请。（　）

20．非随车施工人员与列车应有 100 米以上的安全间隔距离，原则上列车不得随便后退。（　）

三、填空题

1．站台接发车作业由__________、__________、__________几部分组成。

2．当发生__________、__________及__________时，迅速按下紧停按钮，使列车产生紧急制动，避免发生__________、__________，从而避免____________________。

3．在列车信号控制系统(简称 CBTC)模式下，岛式站台的紧急停车按钮有效作用范围____________________，侧式站台的紧急停车按钮有效作用范围为____________________。

4．当紧急停车按钮被按下时，区域内行驶的 CBTC 电客车会__________，停车的 CBTC 电客车将收不到__________，区域外的 CBTC 电客车将在__________停车。

四、简答题

特殊情况下接发列车时显示手信号的时机是什么？

五、综合题

1．电话闭塞法发令前的准备工作有哪些？

2．电梯困人时车站应如何处理？

3．扶梯摔人时，你作为现场目击者，结合你所在岗位职责进行处理。

4．叙述接发列车作业流程。

六、实操题

1．简要描述一侧站台多个屏蔽门无法开启时，你所在岗位的处理。
2．独立完成接车三部曲的工作过程。
3．独立完成停车信号、紧急停车信号、发车信号、好了信号显示。

模块二 客运服务

案例导学

小君在轨道交通行业工作，从事的是客服中心岗位，对于该岗位需要熟悉掌握的作业流程、工作注意事项以及相关突发事件的应急处置比较模糊。小君想通过学习，掌握相关的业务知识，以便自身能更快适应岗位需求。

那么，在一天的作业流程中，站务员在客运服务方面都可以完成哪些工作呢？

学习目标

(1) 掌握大客流组织的基本方式。
(2) 掌握客流组织的基本原则。
(3) 掌握乘客事务处理的分类。
(4) 了解乘客事务处理的原则及方法。
(5) 了解边门进出的适用范围。
(6) 了解拾遗物品管理中车站人员的职责。

技能目标

(1) 能熟练地协助车站做好大客流时的客流组织。
(2) 能够协助车站做好各种乘客事务处理。
(3) 能够熟练掌握应急情况下的边门开放规定。
(4) 能够熟练掌握特殊情况下的边门开放规定。
(5) 能熟练地与乘客或乘务人员或车站工作人员交接拾遗物品。
(6) 能填写《车站边门登记簿》。
(7) 能熟练地协助车站做好扶梯故障时的客流组织。
(8) 能熟练地协助车站做好电梯故障时的客流组织。
(9) 能熟练地协助车站做好屏蔽门故障时的客流组织。

任务一 客流组织

相关知识

为保证车站的正常秩序和乘客的人身安全，车站根据当天客流情况进行的人员组织、客流疏导、安全宣传等工作，称为客流组织。

一、客流组织的基本方式

客流组织的基本方式一般可分为正常情况下的客流组织、非正常情况下的客流组织及大客流组织三种。

二、客流组织的基本原则

(1) 坚持高度集中、统一指挥、逐级负责的原则，运营控制中心(Operating Control Center，OCC)行调指挥全线客运组织工作，站长或车站值班站长负责车站的客运组织。

(2) 车站客流组织坚持地下站由下至上、由内至外的原则，高架站由上至下、由内至外的原则。

任务实施

一、正常情况下的客流组织

1. 进站客流组织

(1) 组织引导客流经出入口扶梯或无障碍电梯进入车站站厅层付费区。

(2) 组织引导部分乘客在自动售票机购票后通过进站闸机进入付费区，引导部分持一卡通的乘客直接通过进站闸机进入付费区。

(3) 乘客进入付费区后，组织引导乘客通过楼梯、电扶梯或无障碍电梯进入站台层候车。

(4) 乘客到达站台，组织引导乘客站在黄色安全线内候车，通过导向标志和乘客咨询系统选择乘车方向和了解列车到发时刻。

(5) 列车到站停稳开门后，引导乘客按照先下后上的顺序乘车，站台岗注意做好引导工作，防止乘客抢上抢下。

2. 出站客流组织

(1) 乘客下车到达站台层后，组织引导其经过楼梯、电扶梯或无障碍电梯进入站厅层付费区。

(2) 通过出站闸机进入非付费区后组织引导乘客(通过导向标志)找到相应的出入口，经过通道、出入口出站。

(3) 组织引导无法正常通过出站闸机的乘客到客服中心办理相关事宜后出站。

3．换乘客流组织

根据各换乘线路间的相互交织形式，如垂直交叉、斜交、平行交织等情况，换乘方式可以分为同站换乘、通道换乘、站外换乘等换乘形式。

二、非正常情况下的客流组织

在非正常情况下，可以采取隔离、疏散、清客等特殊客流组织方式进行客流控制。

1．使用隔离情况下的客流组织

(1) 发生乘客打架：车站发生乘客打架并难以控制局面时，可用铁马隔离打架区域避免伤及其他乘客，寻找目击证人，保护事发现场，通知轨道交通公安，公安到达后交公安处理。隔离过程中，尽量驱散围观乘客，保持正常的运营秩序。

(2) 发现恶性传染病人：发现恶性传染病人时，必须采取隔离措施，关闭出入口，汇报 OCC 并申请列车不停站通过车站，站内所有人员暂时隔离在车站，待防疫部门检查允许后方可离站。隔离过程中应注意安抚乘客并做好解释工作。

(3) 发生乘客伤残、死亡：此时，必须采取相应的隔离措施，进行围挡，驱散围观乘客，制止乘客拍照，交由公安处理。

(4) 其他情况：发生其他情况时，必须采取相应的隔离措施，进行围挡，并张贴相应的警示告示，必要情况下，派车、人员驻守防护。

2．使用疏散情况下的客流组织

(1) 车站疏散：车站疏散组织把乘客从站内疏散到站外，从区间疏散到车站组织出站。

(2) 区间疏散：区间疏散组织分高架区间或隧道区间疏散两种。采用区间疏散乘客时，车站需向行调汇报，得到行调批准后，安排人员进行疏散，确认乘客疏散完毕、线路出清后，汇报行调。

3．使用清客情况下的客流组织

(1) 到站列车清客。列车到达终点站、列车故障退出服务、救援列车清客等情况下，车站都需要对到站列车进行清客。清客工作原则上从列车的两端往中部清理，遇到不配合的乘客，通知值班站长到场处理，确保清客质量。站务人员做好候车乘客的解释和安抚，引导部分非正常清客的乘客退票，同时做好车站的广播工作。

(2) 区间列车清客。列车在区间故障或牵引供电中断等突发情况需要清客时，由行调指定车站值班站长担任事故处理负责人并带领其他工作人员进入区间，协同列车司机一起将乘客组织疏散到距离事发地较近的车站或安全区域。

(3) 站台清客。车站有重要接待或站台出现不明可疑的爆炸物时需要进行部分或全部站台的清客，应做好乘客的引导和疏散。对于需要退票的乘客，引导乘客有序退票。

(4) 车站清客。车站夜间末班车终到站后清客、车站关站、车站发生特殊情况终止服务时，组织引导站内所有乘客全部离开车站。非正常关站时还需要做好乘客解释和安抚工作。

4．设备故障时的客流组织

(1) 电梯故障。在乘坐电梯楼层处用围栏隔离，摆放警示标志；对需要乘坐电梯的乘客，协助其使用扶梯或楼梯。故障修复确认安全后，方可使用。

(2) 扶梯故障。扶梯上下两端用围栏隔离，摆放警示标志，车站人员引导乘客行走楼梯；当设备修复开启时，车站需对扶梯上下两端进行监视，确保维修人员撤出和扶梯上无人时，方可开启。

(3) 屏蔽门故障：① 部分屏蔽门故障，在故障的屏蔽门上张贴提示告示，在能够关闭的情况下尽量将屏蔽门关闭，并做好隔离防护措施。对于无法关闭的屏蔽门派人进行驻守，防止乘客误入轨行区。列车到站时，做好上下车乘客的引导。② 整侧屏蔽门故障，采取“隔三开一”的方式保证每节车厢有一个屏蔽门打开，其余屏蔽门关闭。如不能实现自动关闭或开启，运用手动开关门方式(就地级)操作，并采用互锁解除接发列车。做好打开屏蔽门处的候车乘客防护，防止乘客误入轨行区。列车到站时，做好上下车乘客的引导。

(4) AFC 设备故障。依照相关票务规定处理并做好各项乘客服务工作，做好解释和引导。

三、大客流组织基本方式

1．三级客流控制

遇大客流时，车站需进行三级客流控制，即一般级客流控制、较大级客流控制和重大级客流控制。

(1) 一般级客流控制：站台客流控制，当站台出现乘客拥挤时，在站厅的楼扶梯口控制到站台的乘客，将扶梯方向全部设置为向站厅方向，减缓乘客进入站台的速度，缓解站台乘客的候车压力。

(2) 较大级客流控制：付费区客流控制，当站厅付费区乘客比较多时，应关闭部分自动售票机，进站闸机，减缓售票、兑零速度，同时在进站闸机处控制进入付费区的乘客。

(3) 重大级客流控制：非付费区客流控制，当站厅非付费区的乘客较多时，在出入口采取分批限量进站的形式或将部分出入口设为只出不进、只进不出或关闭，情况严重时关闭车站。

2．大客流组织措施

1) 增加列车的运能

大客流发生时，根据大客流的方向，利用就近的折返线、存车线组织列车运行方案，加开临时列车，增加列车的运能，保证大客流疏散。

2) 增加售检票能力

当可预测大客流情况发生时，应事先做好相应的票务服务准备。

3) 做好进站客流组织工作

(1) 当车站站台还能容纳更多的客流时，可采取以下措施：① 增加售检票能力。加开临时售票点出售预制单程票，加快出售单程票的速度。② 安排人员在进出站闸机处引导乘客正确快速通过闸机，必要时改变双向闸机为进站及在边门处检票，加快乘客进出站的速度。③ 适当延长列车停站时间，在站台上做好乘客上下车的引导工作，在确保安全的前提下，争取让更多的乘客上车，增加本次列车运能。

(2) 当站台不能容纳更大的客流时，采取以下措施：① 暂停或减缓售票速度，暂停临时售票点出售单程票；② 将双向闸机改为出站闸机，必要时可打开边门引导乘客快速出站；③ 适当延长列车停站时间，尽可能让更多乘客上车；④ 进行进出分流或关闭出入口，将部分出入口设置为只能出不能进，限制乘客进入，并在工作人员的配合下关闭出入口，安排人员做好乘客解释工作并张贴车站关闭的告示。

4) 做好出站客流的组织工作

出站客流组织工作的指导思想是保证乘客出站线路的畅通，加快出站速度，使其安全、快速、有序地离开车站。紧急情况时，可以采用紧急放行模式，如进站免检式、AFC 紧急放行模式等。

5) 组织乘客从边门出车站的规定

(1) 遇大型活动大批量乘客入闸，出现入闸机前排长队(15 人以上)，且不需要控制客流时，视情况可以开启边门进站。

(2) 当出站客流大增，出闸机前排长队并影响到客流组织时，可以开启边门组织乘客出站，符合上述条件，车站站长(或授权值班站长)依据车站现场的条件自行决定，组织单程票乘客从边门出站(原则上持储值票的乘客除外)。

6) 采取临时控制措施

根据临时售检票位置的设置，设置临时导向、警戒线，采用人工引导等措施来限制客流方向，保持通道的畅通和出入口、站厅、站台的客流秩序。

任务评价

根据以上学习内容，评价自己对本任务内容的掌握程度，在下表相应空格里打“√”。

评价内容	差	合格	良好	优秀
对站务员客运组织的掌握				
对站务员大客流处置的掌握				
学习中存在的问题或感悟				

任务二 乘客事务处理

相关知识

一、乘客事务处理总述

乘客事务依据乘客是否进行了投诉可分为投诉性事务和非投诉性事务。

非投诉性事务又可分为以下几种：

(1) 咨询性事务：乘客有问题或不解之处向工作人员询问的。

(2) 建议性事务：乘客有问题或建议向管理部门反映的。

(3) 表扬性事务：乘客获得帮助，希望向提供帮助的工作人员表达感谢的。

(4) 求助性事务：乘客有困难或问题，需给予帮助解决的。

(5) 其他事务：非乘客主观造成的事务或轨道交通提供的个性化服务措施等。

二、乘客事务处理的原则及方法

全体员工应具备预防服务冲突的品质。遇到非投诉性乘客事务时要坚持“以礼为先，客观、公平、公正”的原则。

乘客事务处理方法有以下几种：

(1) 易地处理：将乘客请至房间内或僻静处处理，尊重乘客。

(2) 易人处理：必要时，交与其他同事处理。

(3) 易性处理：原则性与灵活性有机结合。

任务实施

一、咨询和建议性乘客事务处理程序

1. 处理原则

(1) 首问责任制：首位接待乘客的员工应尽力满足乘客的合理诉求，如无法满足的，应为乘客指明其他解决方式。

(2) 现场处理原则：受理乘客事务的个人或部门要尽量在现场处理完毕，确保事务处理的时效性。

(3) 乘客满意原则：在处理乘客事务时，需迅速响应乘客的需求，在规定允许的情况下，尽量满足乘客的需要，做好服务补救措施。

2．处理程序

1) 受理

在运营分公司范围内，如有乘客当面或来电咨询和建议，由乘客面向的首位员工或接线的首位服务热线员工当即受理；乘客来信等其他方式由车站站长统一处理。由该员工(来信方式由站长)执行首问责任制。

2) 处理

乘客问询内容如属于运营分公司范围内事务，由首位员工当面解答。

(1) 如遇首位员工不了解或不能处理的情况，由首位员工求助其他员工获得答案后进行解答。任何员工不得就自己不了解的情况随意或臆测回答。

(2) 如乘客询问内容属于运营分公司范围内事务但首位员工无法全面回答，首位员工应建议乘客拨打服务热线进行咨询。

(3) 如乘客问询内容不属于运营分公司范围内事务，建议乘客拨打相关的咨询电话进行咨询，不得将个人主观意见回复乘客。

(4) 如乘客给出一些对轨道交通的建议或轨道交通目前存在问题的意见，受理的员工一定要表示会将该建议或意见报告上级管理部门并感谢乘客对轨道交通的支持。乘客意见箱每周一由车站站长取信，对意见箱内的意见进行分类整理汇总上报站务中心服务工程师。乘客对于车站的意见或建议由站长亲自调查，两个工作日内将调查结果和处理意见上报站务中心。如果意见建议内容涉及其他部门或者需要其他部门配合解决的，上交客运部门服务管理工程师，由客运部门转交行车调度部服务热线协调解决。

3) 结果

处理结果以乘客满意为原则，如遇不能回答的问题应取得乘客的谅解。对于乘客经常重复问到的问题做好记录和统计，以便于下次更好地对乘客进行服务。将乘客有建设性的建议或意见，在必要的情况下汇总上报相关部门，并积极改进。

二、表扬性乘客事务处理程序

1．适用范围

员工在运营分公司范围内，不计个人利益得失而帮助有需要的乘客，受到乘客表扬(书面、锦旗、服务热线、电子媒体、报纸等)的人或事。

2．处理程序

(1) 受理。乘客表示表扬时，被表扬者或其领导当即受理。应遵循乘客的个人意愿，可以接受感谢信、锦旗等书面表扬，致电服务热线表扬，经过电子媒体或者登报表扬等，但不得接受乘客任何形式的物质表扬，尤其是赠送金钱、卡券等方式的表扬。政府部门或其他机构转发的表扬，由综合部和党群部代为受理。

(2) 处理。员工收到乘客表扬后填写《乘客事务处理表》(见表 2-1)，并将感谢信、锦旗、照片等表扬现场资料(如有)影印，每月汇总后上报中心工程师。中心工程师汇总后提交部门评议。

表 2-1 乘客事务处理表

<table>
<tr><td colspan="7">意见性质：☐表扬 ☐投诉 ☐建议 ☐其他</td></tr>
<tr><td colspan="7">方　式：☐口头 ☐电话 ☐来信 ☐上级转发</td></tr>
<tr><td rowspan="2">乘客</td><td>姓名</td><td colspan="3"></td><td colspan="2">联系电话</td></tr>
<tr><td></td><td colspan="3"></td><td colspan="2"></td></tr>
<tr><td rowspan="2">当事人</td><td>姓名</td><td></td><td>姓名</td><td></td><td>姓名</td><td></td></tr>
<tr><td>员工号</td><td></td><td>员工号</td><td></td><td>员工号</td><td></td></tr>
<tr><td>事件简介</td><td colspan="6"></td></tr>
<tr><td>处理结果</td><td colspan="6">授权人签名：　当事人签名：　年　月　日</td></tr>
</table>

(3) 结果。根据评议结果，部门认为有必要的，可以单独发布表扬通报，其他每月汇总发布一次部门级表扬通报，根据表扬通报情况由人力资源部对被表扬者进行绩效加分或其他形式的奖励。如有综合部或党群部受理的外部转发表扬，转交人力资源部，由其统一进行奖励。

三、求助性乘客事务处理程序

1. 乘客寻人求助的处理程序

(1) 适用范围。轨道交通范围内，乘客与同行人员走散无法取得联系并且其中一方不具备独自完成预定行程能力的情况。

(2) 求助受理。乘客发现随行人员(如小孩、老人、父母等)走散，向车站工作人员寻求帮助。现场工作人员将此情况报告车控室。车控室通知值班站长接待求助乘客，并详细记录走散人员的相关信息。相关信息包括姓名、年龄、身体特征、穿戴、随身携带的物品、原本预定的目的地(轨道交通车站)、所乘列车的走向等一切可以获得的关于走散乘客的信息。

(3) 传递信息。如果乘客原本有目的地站且走散乘客具备独自乘坐轨道交通的能力(会坐轨道交通并了解轨道交通的基本线路)，值班站长通知目的地站协助寻找走散乘客。如走散乘客不具备独自乘坐轨道交通能力(年龄太小或太大、不熟悉轨道交通基本线路等)，值班站长向 OCC 汇报，申请发布通告全线寻找走散的乘客，并让求助乘客打电话询问走散乘客可能会到达的地方(如家里、原本预定的目的地等)，确认走散乘客是否到达。

(4) 寻找走散乘客。车站收到帮寻人的要求后，记录走散乘客的详细信息，在全站范围内播放相关寻人广播，通知车站所有当班人员(包括保安、保洁等)注意车站是否出现符合条件的乘客。如有工作人员发现符合条件的乘客，立刻上前确认，如确认是走散乘客立即通知车控室。如走散乘客听到广播主动找到工作人员，则立即通知车控室。值班站长接待走散的乘客，安抚乘客情绪，并回复原求助乘客所在车站，走散乘客已寻获，请求助乘客前来接人。如信息来自 OCC 服务热线转发的寻人通告，应及时回复服务热线走散乘客已寻获。

(5) 后期处理。如长时间未找到走散乘客，建议乘客回家或到目的地耐心等待，必要时可以报警求助。

2. 乘客寻物求助的处理程序

(1) 适用范围：轨通交通范围内，乘客携带的行李或随身物品遗失在车站或列车上的情况。

(2) 求助受理。乘客发现携带的行李或物品遗失，向车站工作人员寻求帮助。现场工作人员将此情况报告车控室。车控室通知值班站长接待求助乘客，并详细记录遗失物品的详细信息。详细信息包括遗失物品名称、遗失物品特点、遗失时间、遗失详细地点等一切可以获得的关于遗失物品的信息。

(3) 寻找遗失物品。如果遗失物品在本站且本站已经拾获，则及时归还乘客。如乘客遗失地点为本站却未拾获，则指派遗失地点附近的站务人员仔细寻找，寻获后及时归还乘客。如遗失地点为其他的车站，则通知遗失车站到遗失地点寻找。如遗失地点为列车上，则通知该列车目前前进方向的前方车站或折返车站到列车上的遗失地点寻找。车站接到配合寻物要求后，如遗失在本站，则就近派人仔细寻找。如遗失在列车上，则派人搭乘列车或折返清客时仔细寻找。寻获遗失物品后，通知乘客所在车站告知乘客取回遗失物。

如乘客行程较急，也可留下联系方式先行离开，如若找到其遗失物品再联系乘客，通知认领。

3．乘客物品掉落轨道处理程序

适用范围：乘客在站台候车期间或上下车过程中，由于个人疏忽将私人物件落入轨行区的情况。

如乘客掉落物品影响行车安全，按以下流程处理：

(1) 站台人员发现后，立即按压紧停按钮并显示紧急停车信号，同时报车控室，并做好乘客安抚工作，防止乘客擅自采取行动。

(2) 值班员接到有物品掉下轨道并危及行车安全的报告后，立即确认站台紧停按钮是否按下，如未按下则及时按下，立即报行调并申请下线路拾取或用拾物钳进行拾取。

(3) 行调扣停后续列车并同意下线路处理。值班站长马上赶往事发现场，指挥处理，确认做好安全防护后安排人员打开端门下线路处理或隔离相应屏蔽门后将物品拾出。物品拾上来后，值班站长确认现场线路出清，不影响行车，通知行值报行调。

(4) 处理过程中站台人员注意驱散围观乘客，并尽量防止乘客拍照。物品拾上来之后，及时归还乘客。

如乘客掉落物品不影响行车安全，按以下流程处理：

(1) 站台人员安抚乘客，同时向车控室报告，说明物品不影响行车安全。

(2) 如掉落物品为贵重物品或乘客强烈要求马上拾回物品时，在列车未来时，经行调同意，做好防护后打开端门下线路处理或隔离相应屏蔽门后将物品拾出。在列车来时，待列车离开车站后，再申请拾回。站台人员将物品拾上来后，确认线路出清，向车控室汇报，行车值班员报行调，物品归还给乘客。

(3) 如经乘客允许可以稍后拾回时，记录物品的特征及内容、掉落的详细位置并目视确认，请乘客留下联系方式，告知乘客第二天到车站取回遗失物品。当天运营结束后，向行调申请下线路，做好防护措施后下线路拾回物品，做好物品的保管，第二天通知乘客领取拾回物品。

4．其他非投诉性乘客事务处理

1) 乘客纠纷处理的适用范围和处理原则

适用范围：轨道交通车站内乘客与乘客之间，乘客与员工之间发生矛盾产生纠纷的处理。

处理原则：乘客与乘客之间的纠纷处理遵循“及时劝阻，报告公安，对受伤乘客协助送医院”的原则；员工与乘客之间的纠纷处理遵循“服务为先，保持冷静，灵活处理，打不还手，骂不还口”的原则。

2) 乘客与乘客纠纷处理程序

(1) 现场员工发现乘客与乘客之间的纠纷、斗殴，应注意自我保护，第一时间上前劝解、分开乘客，劝阻纠纷或斗殴，并立即报车控室安排支援，疏散周边乘客，防止其他乘客受到伤害，向附近的工作人员求助。车控室接报后，通知值班站长及车站员工赶往现场处理，报轨道交通公安。

(2) 值班站长及现场员工、保安在公安未到达现场时，尽力将双方分开隔离、留下，等候公安处理。如纠纷双方在等待过程中强求离开，应留下相关证件资料及联系方式等。若发现乘客流血等伤势较重的，立即报“120”。

(3) 公安到达现场后，将乘客双方、目击证人移交轨道交通公安处理，由值班站长向公安了解后续处理情况。

3) 员工与乘客纠纷处理程序

(1) 车站员工处理乘客事务受到乘客侮辱、恐吓或攻击时，员工应第一时间做好自我保护、躲避，及时向车控室汇报，行值必须立即组织人员支援并报警。

(2) 现场人员需保持冷静、克制，坚持“骂不还口，打不还手”的原则，尽力控制局面，若乘客攻击车站员工，员工要及时躲避，保护自身安全并将肇事者留下交公安处理。

(3) 若乘客攻击员工，造成员工人身伤害时，车站需立即安排其他员工送伤者到医院验伤、治伤，并马上将情况上报部门。

(4) 冲突时，现场人员注意互相协助、保护，克制、冷静地处理，注意保留证据(将肇事者引向录像区域)，及时挽留目击证人。

4) 酒醉乘客处理程序

(1) 适用范围：轨道交通范围内出现醉酒乘客乘车，影响车站的正常运营秩序的情况。

(2) 酒醉乘客的辨识方法：① 看，乘客脸色是否正常，衣着是否整齐干净，行走是否踉踉跄跄；② 闻，乘客身体是否有酒气；③ 谈，乘客说话是否流利，头脑是否清醒，语言是否颠三倒四。

(3) 晕醉处理：在未完全失去理智的情况下，可好言相劝请其离开，或者设法取得其姓名、地址及电话号码与其家人联系处理。

(4) 醉酒闹事处理：乘客因醉酒闹事且不听劝阻，在公共区域大吵大闹，打人骂人，损坏公共财产，甚至调戏乘客，招引乘客围观等妨碍正常运营的情况，值班站长应立即组织车站保安将乘客控制起来，将其与普通乘客隔离开来，驱散围观乘客，并立即报轨道交通公安。在等待轨道交通公安到来的过程中要注意控制的方式方法，避免伤到醉酒乘客。另外车站对醉酒乘客损坏的公共财物应做好记录(包括照片)，并寻找目击证人，做好笔录。如果有乘客受伤，受伤严重的协助报“120”送医处理，轻者做好伤口初步处理，待公安到来，移交公安处理。

(5) 醉倒处理：当醉酒者不省人事时，将醉酒乘客移至人少区域并隔离起来，尽量避免直接躺在地面上或面对通风系统风口而受凉。如出现昏迷不醒或其他危险症状时，视情况报“120”送医处理。

任务评价

据以上学习内容，评价自己对本任务内容的掌握程度，在下表相应空格里打“√”。

评价内容	差	合格	良好	优秀
对乘客事务处理原则、程序的掌握				
对非投诉性乘客事务处理的掌握				
学习中存在的问题或感悟				

任务三 边门管理

相关知识

边门管理适用范围：

(1) 公司员工、委外设备维保人员、设备调试及保障人员、参观访问人员、培训学习人员等。

(2) 抢修抢险人员。

(3) 车站保安、车站保洁、志愿者。

(4) 票务优惠政策允许的免费人士，持纸票、团体票的乘客或携带大件行李的付费乘客。

任务实施

一、日常边门管理

1. 日常边门管理原则

(1) 车站边门在运营时间内应设为常闭状态，车站工作人员根据本办法规定开、闭车站边门，认真做好进出人员审核登记工作，边门有人员看守时可只挂不锁，离开时应将车站边门锁闭。

(2) 由当班站务员负责检查进、出边门人员的证件。检查合格后应在《车站边门登记簿》上对进边门人员进行登记(持有效纸票除外)，并在“经办人”处签名。晚班值班站长应在本日运营结束后对进、出边门的人员情况进行签字确认。

2．各类人员进出边门办法

(1) 公司员工、委外设备维保人员、设备调试及保障人员、参观访问人员、培训学习人员等符合办理专用卡条件的人员进出边门时的情况为：① 已办理工作卡、外服卡、施工卡、临时卡的持卡人员必须从车站闸机刷卡进出车站付费区；② 在专用卡补办、停用期间或未带专用卡时须自行购票进出付费区，不允许以工作证等其他形式从车站边门进出；③ 符合办理专用卡条件的人员不允许以证件形式通过边门。

(2) 抢修抢险人员。① 现场抢修人员由抢险负责人带队进出车站边门，应出示工作证，经车站人员核对无误并登记后可带队进出车站边门(紧急情况下可事后补登记或由站务人员代登记)；② 车站人员在核对现场抢险抢修负责人证件无误后应及时开启边门，经现场抢修抢险负责人确认，相关人员均可一同进出车站边门。

(3) 车站保安、保洁、志愿者、IC 卡充值员。① 由站务中心申报办理本站进出工作卡，车站保安、保洁、IC 卡充值员领用。② 已办理借用本站进出工作卡的车站保安、保洁(含规定管理人员)刷卡通过闸机进出付费区，不允许以工作证等其他形式从车站边门进出。③ 本站进出工作卡只适用于该卡所在车站，不得利用本站进出工作卡违规带人通过进/出站闸机。④ 志愿者凭志愿者证，扫描其志愿者证上的二维码(或穿着志愿者制服)登记后，开边门放行。

(4) 票务优惠政策允许的免费人群、持纸票或携带大件行李的付费乘客。

① 根据票价优惠政策，以下乘客可免费乘车：

• 市内外离休干部、残疾军人、因公致残人民警察、重度残疾人免费乘车。

• 市内 70 周岁以上老年人，在除法定工作日早晚高峰时段(7:00—9:00，17:00—19:00)外的其他时间免费乘车。

• 一名成年乘客可免费带一名身高不足 1.2 m 的儿童乘车；超过一名的，按超过人数购买全票。

② 票务优惠政策允许的免费乘车人群的相关优惠证件种类包括：

• 离休干部凭本人《离休干部证》；

• 残疾军人凭本人《中华人民共和国残疾军人证》；

• 因公致残警察凭本人《中华人民共和国伤残人民警察证》；

• 一至二级重度视力、听力、言语、肢体、智力和精神残疾以及多重残疾的重度残疾人，凭本人《中华人民共和国残疾人证》；

• 获国家无偿献血奉献奖的献血者凭本人《××省无偿献血荣誉证》；

• 老年人凭身份证或户口本等有效证件；

• 国内现役军人凭《军官证》《士兵证》《警官证》(含学员证)等有效证件；

• 国内烈士遗属凭《烈士遗属证》；

• 国内离退休军人凭《军官退休证》等有效证件；

• 国内因公牺牲军人遗属凭《因公牺牲军人遗属证》；

• 国内病故军人遗属凭《病故军人遗属证》。

③ 根据票务优惠政策允许的免费乘车人群，统一使用优惠乘车卡刷卡进出付费区。对于市外部分乘客在未及时办理优惠乘车卡期间，凭有效优惠证件，登记后从边门放行。

④ 持纸票的乘客按照《车站票务管理手册》验票 / 收票后，通过边门进出付费区。

⑤ 携带大件行李乘客且行李符合《轨道交通乘客守则》规定，或车站实际运作中存在物品不在行李范围内但须开车站边门的情况(如婴儿车、轮椅等)时，边门管理人员确认已经刷卡检票后开放边门通行。

二、特殊情况下的边门管理

(1) 紧急情况下(如闸机故障、火灾、爆炸等突发事件)为疏散乘客可开放边门。

(2) 车站突发大客流，采取边门辅助通行等客流控制措施时，车站按照相关管理规定放行。

(3) 内部工作需要使用手推车或票箱运送车票、票款等大件物品，无法通过闸机时；运送大型生产工具、办公用品进出付费区时，可以通过边门进出付费区。

(4) 上级主管部门临时规定的免费乘车乘客，可凭有效证件、票卡等有效凭证，登记后免费进出车站边门。

(5) 经车站区域站长(副站长)同意的其他特殊情况，在区域站长(副站长)或值班站长的陪同下通过边门进出付费区。

任务评价

根据以上学习内容，评价自己对本任务内容的掌握程度，在下表相应空格里打“ √ ”。

评 价 内 容	差	合格	良好	优秀
对日常边门管理的掌握				
对特殊情况下的边门管理的掌握				
学习中存在的问题或感悟				

任务四　拾遗物品管理

相关知识

车站职责：

(1) 负责接收车站范围内的拾物，包括员工和乘客的拾物。

(2) 负责拾遗物品的临时保管。

(3) 负责对拾遗物品进行清点、检查，并进行登记分类。

(4) 负责通知权利人领取及按规定办理当月拾遗物品的认领工作。

(5) 负责将一个月内无人认领的拾遗物品移交给相关部门。

任务实施

一、拾遗物品处理

1. 拾遗物品交接

拾遗物品均由车站当班值班站长(或乘务人员)与拾获人共同清点。清点后，贴上拾遗物品标签(见表 2-2)并在《车站拾遗物品登记表》(见表 2-3)上登记，写明现金数额、物品的名称、数量、详细特征以及拾获的时间、地点、拾获人姓名等。

表 2-2 拾遗物品标签

编号	按每日拾获物品的顺序从 001 开始编号。例如：2010 年 11 月 9 日拾获第一件失物编为 20101109001
物品描述	
拾获人	
拾获时间	
拾获地点	

表 2-3 车站拾遗物品登记表

拾遗物品编号：　　　　　　　　　　　填表单位：__________站　　　　　　　　_______年____月____日

<table>
<tr><td>物品名称</td><td colspan="2"></td><td>物品描述</td><td colspan="2"></td><td>拾获时间</td><td colspan="2"></td></tr>
<tr><td>拾获地点</td><td colspan="2"></td><td>拾获人</td><td colspan="2"></td><td>联系方式</td><td colspan="2"></td></tr>
<tr><td>接收人</td><td colspan="2"></td><td>员工号</td><td colspan="5"></td></tr>
<tr><td colspan="9">具体经过：</td></tr>
<tr><td rowspan="3">物品清单及描述</td><td>1</td><td colspan="3"></td><td>4</td><td colspan="3"></td></tr>
<tr><td>2</td><td colspan="3"></td><td>5</td><td colspan="3"></td></tr>
<tr><td>3</td><td colspan="3"></td><td>6</td><td colspan="3"></td></tr>
<tr><td>移交时间</td><td>拾遗物品管理中心签名</td><td></td><td>工号</td><td></td><td>车站签名</td><td></td><td>工号</td><td></td></tr>
<tr><td></td><td>轨道交通公安签名</td><td></td><td>工号</td><td></td><td>车站签名</td><td></td><td>工号</td><td></td></tr>
<tr><td colspan="9">贴收据处：</td></tr>
<tr><td rowspan="4">认领事项</td><td colspan="8">经本人确认，以上所列物品为本人遗失物品，现已如数领回。如有冒领，本人承担相关一切责任。特此声明。</td></tr>
<tr><td>领取人</td><td colspan="2"></td><td>证件名称/号码</td><td colspan="4"></td></tr>
<tr><td>联系电话</td><td colspan="2"></td><td>联系地址</td><td colspan="4"></td></tr>
<tr><td>领取时间</td><td colspan="2"></td><td>经办人</td><td colspan="2"></td><td>证明人</td><td></td></tr>
<tr><td colspan="9">备注：经办人和证明人不能为同一人</td></tr>
</table>

本单一式两联：第一联车站存(白色)；第二联拾遗物品管理中心/轨道交通公安(红色)。

司机在列车上拾物的交接则需注意以下两点：

(1) 司机在列车上拾物与车站站务人员办理移交手续。司机通知车站当值人员在站台屏蔽门端门处进行交接。司机因折返时间有限，可与站务人员对拾物进行简单交接，收条上只注明“车次”“拾获时间”“XX 物品一件(批)”或“现金 XX 元”。车站人员对接收的拾遗物品进行详细清点。

(2) 若列车回车场后发现列车上有乘客遗留物，由当值司机与乘务中心相关人员进行交接后移交安保部。

2．拾遗物品的处理

车站在填写《车站拾遗物品登记表》后，应及时将拾遗物品具体资料电告服务热线，以备乘客查询。有失主资料的，由车站(或乘务派班员)通知失主到车站(或派班室)认领，做好认领登记。

车站应通过广播或其他方式及时将拾遗物品情况公布于众，以便失者认领，公布保留期限为 3 天，但不得写明拾遗物品详细信息。根据拾遗物品的不同，具体处理方式也有所区别。

1) 拾遗物品为轨道交通车票

(1) 拾遗物品为轨道交通单程票，由拾物当事站务人员投入单程票回收箱，当日运营结束后，由两名站务人员加封，作为无效票保存。

(2) 拾遗物品为储值票，由拾物当事站务人员与客运值班员加封并填写《拾遗物品登记表》记录ID号，于第二个工作日随报表上交票务部。

2) 拾遗物品为现金、有价票据、银行卡、手机等贵重物品

(1) 现金及其他有价票据。① 一次性拾获现金总额或有价票据总额在 2000 元以内(含 2000 元)时，由车站值班站长及拾物当事站务人员双人核实填写《车站拾遗物品登记表》后装入信封密封，由值班站长放入保险柜保存。如一个月内无人认领，于隔月第一个工作日移交安保部。② 一次性拾获现金总额或有价票据总额在 2000 元以上时，车站应及时移交轨道交通公安。

(2) 银行卡、证件、手机等贵重物品。车站值班站长及拾物当事站务人员双人核实填写《车站拾遗物品登记表》，记录银行卡类型、卡号证件所属人、证件号后装入信封密封。由值班站长放入保险柜保存。如一个月内无人认领，于隔月第一个工作日移交安保部。

3) 拾遗物品为食品与易腐物品

(1) 食品与易腐物品不移交安保部，由车站自行处理。

(2) 有包装的食品保管期限为 72h，如无人认领由车站自行处理。

(3) 无包装的食品及易腐物品，保管到当天关站时由车站自行处理。

4) 拾遗物品为危险品或违禁品

发现有枪支、弹药、汽油、硫酸等易燃、易爆、易腐蚀、剧毒物品时，车站人员应立即填写《车站拾遗物品登记表》移交轨道交通公安，列车司机接到乘客报告或发现列车上有无人认领的枪支、弹药、汽油、硫酸等易燃、易爆、易腐蚀、剧毒物品时，应立即报 OCC 和轨道交通公安。

5) 拾遗物品为普通物品

(1) 车站人员进行清点和登记后，有权利人联系资料的，及时通知权利人认领失物；无权利人联系资料的，由车站人员负责对拾遗物品进行妥善保管。

(2) 拾遗物品如无人认领，车站于隔月的第一个工作日将其移交安保部。

3. 拾遗物品的存放与保管

(1) 车站由专人负责拾遗物品的管理，建立台账，对物品情况、认领及移交情况进行登记，并对物品进行保管。

(2) 安保部接收各车站一个月后无人认领的拾遗物品。接收时，建立拾遗物品电脑台账，对拾遗物品情况、接收、认领及清理情况进行登记，并对物品进行分类存放。

(3) 贵重物品，如现金、有价票据、手机、首饰等，必须存放于保险柜内。其他物品，如日用品等，可存放于储物柜内。

(4) 拾遗物品每月进行清理、造册，并按有关规定进行处理。

二、拾遗物品的认领

(1) 由认领人提供拾遗物品特征，车站(或乘务派班员)初步确认在所有拾遗物品中是否有相符物品。

(2) 如有相符物品，请认领人提供两项以上最能表现拾遗物品特征的证明。如一致，则请认领人到拾遗物品所在站、派班室或安保部办理认领手续。

(3) 认领人须凭本人身份证或其他有效身份证明办理领取手续，填写《车站拾遗物品登记表》并签名确认。现金、有价票据、证件、手机等贵重物品认领时，车站需对权利人身份证或其他有效身份证件进行复印保存。

(4) 认领时，《车站拾遗物品登记表》认领事项中的证明人必须是车站站长或值班站长。

三、无人认领拾遗物品的处理

(1) 拾遗物品在安保部保管时间超过 3 个月的，按无人认领拾遗物品办理，安保部工作人员每季度对其清理一次。

(2) 无人认领的银行卡、社保卡等各种卡类遗失物，由安保部工作人员进行分类清理，填写《车站无人认领拾遗物品处理登记表》(见表 2-4)，交还各发卡单位进行处理，若发卡单位不受理，由安保部工作人员将卡剪去一角进行作废处理。

(3) 对于无人认领现金或有价证券等由安保部工作人员统一转交给公安，同时填写《车站无人认领拾遗物品处理登记表》。

(4) 其他无人认领的拾遗物品由安保部按物品种类的不同进行划分，统计各类物品的数量，填写《车站无人认领拾遗物品处理登记表》并进行处理。

(5) 对未保管至一季度就已霉已腐及潮湿的物品，安保部需每月进行一次清理，填写《车站无人认领拾遗物品处理登记表》。

表 2-4 车站无人认领拾遗物品处理登记表

序号	拾遗物品名称	拾获单位	拾获日期	物品描述	处理情况

移交部门(签章): 经办人:

接收部门(签章): 经办人:

监督部门(签章): 经办人:

年 月 日

本表一式二联：第一联(白色)拾遗物品管理中心保存；第二联(红色)接收部门保存。

三、有关拾遗物品的奖惩

对拾金不昧的个人，由分公司酌情给予奖励并通报表扬。

冒领、挪用、侵吞、损毁拾遗物品的，除返还原物或赔偿经济损失外，视情节严重程度，给予不同程度的处分、处罚。

任务评价

根据以上学习内容，评价自己对本任务内容的掌握程度，在下表相应空格里打“√”。

评 价 内 容	差	合格	良好	优秀
对拾遗物品处理程序的掌握				
对拾遗物品认领程序的掌握				
学习中存在的问题或感悟				

模 块 训 练

任务训练单

班级：　　　　　　　　　　　　姓名：　　　　　　　　　　训练时间：

任务训练单	客运服务相关作业
任务目标	掌握客流组织，掌握乘客事务处理流程，掌握边门管理办法，掌握拾遗物品管理流程
任务训练	请从下列任务中选择其中的两个进行训练：三级客流控制、拾遗物品处理流程、边门登记
任务训练一 (说明：总结作业流程，并在实训室进行实操训练或者上机在模拟软件上完成实操训练。)	

任务训练二 (说明：总结作业流程，并在实训室进行实操训练或者上机在模拟软件上完成实操训练。)
任务训练的其他说明或建议：
指导老师评语：
任务完成人签字：　　日期：　　年　　月　　日 指导老师签字：　　日期：　　年　　月　　日

模块小结

本模块详述了站务员一日作业流程中的客运服务事项注意点，以及日常的客流组织、乘客事务处理、边门管理和拾遗物品的管理，涉及一日作业流程中的各项注意事项，并针对日常的作业流程进行分析及学习。同时，本模块还介绍了站务员日常的岗位职责及常见的应急处理。

模块自测

一、填空题

1．车站客流组织原则坚持地下站(　　　　)、(　　　　)的原则。高架站(　　　　)、(　　　　)的原则。

2．三级客流控制：(　　　　)、(　　　　)、(　　　　)。

3．“车站拾遗物品登记表”上登记的拾遗物品，需写明现金数额(　　　　)、(　　　　)、(　　　　)、(　　　　)、地点、(　　　　)等。

4．一次性拾获现金总额或有价票据总额在(　　　　)元以上时，车站应及时移交轨道交通公安。

5．有包装的食品保管期限为 (　　　　) h，如无人认领由车站自行处理。

二、简答题

1．简述乘客事务处理的处理原则。

2．票务优惠政策允许的免费乘车人群的相关优惠证件种类包括哪些?

3．简述乘客物品掉落轨道的处理程序。

4．简述乘客与乘客纠纷的处理程序。

5．简述特殊情况下的边门管理。

拓展自测

一、选择题

1．由于下述(　　)情况引起的乘客投诉，列为一类有责乘客投诉。

A．由于员工失误，错误引导乘客或造成经济损失 15 元及以上

B．员工找错钱、卖错票，金额在 15 元以下(作弊行为不在此列)

C．末班车未提前做好广播

D．运营时间出入口关闭，没有摆放告示

2．由于下述(　　)情况引起的乘客投诉，列为二类有责乘客投诉。

A．车站公告栏的内容与实际运营不符

B．工作中有舞弊行为，使乘客利益受损

C．作弄、欺瞒乘客的行为

D．提前关站或延误开站时间 15 分钟以上

3．对乘客投诉的调查弄虚作假或隐瞒不报列为(　　)有责乘客投诉。

A．一类　　B．二类　　C．一般　　D．重大

4．车站出现大客流，乘客排长队现象时应采取的措施为(　　)。

A．播放广播疏导客流　　B．安排员工疏导乘客

C．关闭出入口　　D．加开兑零窗口

5．以下是突发大客流产生的情况的有(　　)。

A．节假日、大型文体群众活动　　B．突发公共事件

C．特殊恶劣天气　　D．运营事故，车站停电、火灾列车延误

E．早晚上下班高峰

6．客流组织时总负责人是(　　)。

A．行车值班员　　B．值班站长　　C．客运值班员

D．站长　　E．站务员

7．每位乘客可以携带总重量不超过(　　)公斤的物品。

A．10　　B．20　　C．30　　D．40

8．在处理非职工伤亡事故事件时要第一时间进行取证，尽可能(　　)。以事实为依据，客观记录，充分留下原始资料。

A．得到当事人的同意　　B．旁证

C．当事人签字确认　　D．伤者家属的同意

9．站台岗服务用语标准中的“各位乘客请注意，开往××方向的尾班车将在××点××分开出，请您抓紧时间上车。”适用于(　　)。

A．尾班车到站时　　B．列车服务终止时

C．列车延误时　　D．列车进站前及进站时

10．以下服务用语标准(　　)不适用于列车进站前及进站时。

A．“您好，请站在×色安全线内排队候车。”

B．“您好，请勿手扶屏蔽门，排队候车。”

C．“您好，请到那边人较少的地方候车，多谢合作！”

D．“各位乘客，站台××部候车的乘客，为了您和他人的安全，请站在×色安全线内排队候车。”

11．站台岗若发现异常情况需及时采取措施或与(　　)联系。

A．值班站长　　B．站长　　C．车控室　　D．行调

12．以下不属于特殊服务的有(　　)。

A．对残障等乘客应提供必要的服务，协助其顺利乘车

B．发现走失的儿童，应带领其至安全场所，并设法联系其监护人或报警

C．当遇到乘客身体不适时，应提供必要的帮助或拨打救助电话

D．车门即将关闭时站台岗阻止乘客抢上抢下

13．应急服务应以(　　)为首要目标。

A．保障乘客人身安全　　B．保障乘客财产安全

C．保护公司财产安全　　D．保护公司员工自身安全

14．服务用语应表达(　　)。

A．规范　B．准确　C．清晰

D．文明　E．礼貌

15．以下(　　)是乘客不能携带进入车站坐车的。

A．汽油桶　　B．散装白酒

C．宠物狗　　D．小型折叠自行车

16．以下(　　)属于商业服务设施。

A．广告灯箱　　B．楼梯画框广告

C．自动售卖机　　D．实物展示柜

17．站台岗发现站台座椅损坏时第一时间联系(　　)。

A．站长　　B．值班站长

C．车控室　　D．客运值班员

18．站台岗发现站台发生客伤后，应(　　)。

A．报告车控室　　B．初步了解乘客伤势

C．寻找目击证人　　D．维持现场秩序

19．客服中心岗在为乘客兑零时应遵循(　　)。

A．一收、二唱、三操作、四找零

B．一唱、二收、三操作、四找零

C．一收、二验、三操作、四清

D．一收、二唱、三操作、四清

20．处理乘客事务时，如果乘客情绪较为激动，我们要做到(　　)。

A．斗气，训斥

B．任乘客打骂，坚决做到打不还手，骂不还口

C．态度和蔼，得理让人

D．卑躬屈膝，低头哈腰

二、判断题

1．技术调度部负责服务热线接收的乘客事务的受理、调查、回复及有责乘客投诉的定性定责等工作。(　　)

2．突发大客流是车站单位时间内进站客流明显超出车站容纳能力和正线运输能力，且有继续增加的趋势，存在一定的安全风险，需采取控制措施的情况。(　　)

3．站台面积达到70%及以上，站厅和出入口乘客拥挤，且站外乘客持续增加预计超过20分钟以上时采取较大级客流控制。(　　)

4．非职工除轨道公司员工以外的人员(委外人员除外)伤亡事故。(　　)

5．客伤处理费在200元以下(含200元)时，车站可根据现场情况，使用客伤备用金进行现场处理。(　　)

6. 员工回答乘客咨询时，要耐心有礼，面带微笑。不得不理睬，可以边走边回答，可以边工作边回答，但不得以摇头、点头等方式回答乘客。 (　　)

7. 当客车车门或屏蔽门故障时，协助司机处理车门，如贴上"此门故障，暂停使用"的贴纸、摆放"暂停使用"警示牌等。 (　　)

8. 站台岗服务要求：监视列车运行状态、候车乘客动态，监视是否有乘客进入隧道、倚靠屏蔽门、抢上抢下或乘客物件掉落轨道，防止列车、屏蔽门夹人夹物或夹人夹物动车，根据情况及时采取正确的处理措施。 (　　)

三、填空题

1. 站台岗向乘客宣传在________以内候车，不要倚靠________，不要抢上抢下，维护站台秩序，组织乘客有序候/乘车。

2. 乘车、候车过程中主动维持乘客候车、乘车秩序；对违反轨道交通有关规定的乘客应采用解释、引导、委婉的语言，尽量站在乘客的角度解释，从乘客安全、利益的角度出发，严禁对乘客有________、________、________、________、________、________等行为。

3. 站台岗在力所能及的范围内，尽量帮助乘客解决问题，特别注意帮助________、________、________、________等需要提供帮助的乘客。

4. 乘客对轨道交通的投诉、建议、咨询、表扬统称为________。

5. 末班车未提前做好广播属于________类有责乘客投诉。

6. 投诉回复及时性原则：乘客投诉应在________个工作日内回复乘客。

7. 若客伤处理费在__________时，车站可根据现场情况，使用客伤备用金进行现场处理。

8. 无票人员在付费区内发生的人身伤亡，比照________办理。

9. 车站能运用备用金自行作一次性处理的客伤事件，车站需向安保部提供《________》。

10. 对于车站能够及时给予解释和答复的，应及时向乘客进行处理和解释；对于不能马上答复的，应留下乘客的相关资料，填写________。

四、简述题

1. 当乘客车票出现进出次序错误的时候，在付费区、非付费取客服中心岗应该怎么处理？

2. 对扶梯客伤处理，站务人员应该注意做好哪些工作？

3. 大客流时票务工作的要求有哪些？

五、综合题

2005 年 6 月 10 日，某站 B 端票亭前有 8 位乘客排队充值，付费区有 4 位乘客出不了站，售票员正常为付费区的乘客补票更新，正准备为非付费区的乘客充值时，有两位进不了站的外地乘客递进车票要求更新。这时，充值的乘客意见很大，其中排在第一位乘客大声说："有没有搞错，我排了这么长时间还没有给我充值，你是怎样服务的，你的工号多少，我要投诉你。”售票员急忙跟乘客解释：“先生，不好意思，我们规定要先为出不了站的乘客服务，然后再为你们服务，我会马上为你服务的。”乘客不听解释“请你给我投诉电话。”售票员说“先生，请你稍等，我叫车站负责人过来为你解决好吗？”这时客值经过票亭，听售票员描述情况后，对乘客说：“先生，我们售票员没有做错，他是按照程序服务的”。乘客对这样的解释不满意，打电话向服务总台投诉。请对其分析，并写出处理该事物的技巧。

模块三　票务组织

案例导学

小君就职于轨道交通行业，从事的是客服中心岗，对于该岗位的作业流程比较模糊。小君想通过学习掌握相关的业务知识，以便更快适应岗位需求。

那么，在一天的作业流程中，站务员在票务组织上都可以完成哪些工作呢？

学习目标

(1) 了解站务员的票务岗位职责。
(2) 了解站务员的一日票务作业流程。
(3) 学习各类站务员相关报表及台账的填写。
(4) 掌握岗前准备及完成与客运值班员钱、票、备品的交接。
(5) 掌握车票、现金的加封、保管及票务备品的保管。
(6) 掌握利用半自动售票机(BOM)操作完成日常的票务处理。
(7) 了解基本的乘客票务处理规定及方法。

技能目标

(1) 站务员能够按时到岗并完成岗前准备工作。
(2) 站务员完成和客运值班员钱、票、备品的交接。
(3) 站务员能够独立填写《站务员结算单》。
(4) 站务员能够独立填写《客服中心交接班本》。
(5) 站务员能够按规定妥善保管现金、车票、发票。
(6) 站务员能够掌握特殊票款和车票的加封方法。
(7) 站务员能够按规定妥善保管票务钥匙和备品。
(8) 站务员能够按规定给乘务兑票。
(9) 站务员能够遵照各类票务处理规定完成工作。

任务一 交接班作业

相关知识

交接班作业是指接班站务员准时到岗，在票务室客运值班员处当面领取相关票务备品、备用金、车票，清点好数量，与交班站务员及客运值班员在客服中心进行的交接工作。

一、票务备品

票务备品包括钱箱、票箱、点钞机、验钞机、手推车、点币机、点票机、捆钞机、售票盒、币托等。

二、车票类型

车票类型包括单程票、纸票、一卡通、一日票、三日票、月票、轨道交通专用卡等。

三、工作时间规定

(1) 配票要求。首班列车到站前 30 min，客运值班员完成票亭岗配票工作。

(2) 到岗要求。首班列车到站前 15 min，站务员开启半自动售/补票机(Booking Office Machine，BOM)，开窗售票。

四、相关报表、台账

常用报表有：《站务员结算单》(见表 3-1)、《乘客事务处理单)(见表 3-2)和《车票人工退款记录表》(见表 3-3)等。

常用台账有：《客服中心交接班本》(见表 3-4)、《车站边门进出登记表》(见表 3-5)等。

表 3-1 ______号线________站站务员结算单

NO：15000001

年　　月　　日　　　　班次：早/中　　　　编号：NG-R-PW-PK-022

时　间	从　　至		
BOM 编号	BOMO1/BOM02/BOM03/BOM04		
备用金金额	¥	¥	¥
站务员/客值签章			
预收款金额	¥	实点总金额	¥
预收款客值签章		实收总金额	¥

票种 \ 项目		开窗张数	关窗张数	废票张数	出售	
					张数	金额
单程票						¥
	退款	—	—	—		¥
小计金额						¥
日票	一日票					¥
	三日票					¥
小计金额						¥

票种 \ 项目		开窗张数	关窗张数	废票张数	出售	
					张数	金额
预制票	2 元/3 元	___/___	___/___	___/___	___/___	
	4 元/5 元	___/___	___/___	___/___	___/___	
	6 元/7 元	___/___	___/___	___/___	___/___	
	8 元/9 元	___/___	___/___	___/___	___/___	
	退款	___	___/___	___		¥
小计金额						¥
纸票	1 元/1.5 元	___/___	___/___	___	___/___	
	2 元/2.5 元	___/___	___/___	___	___/___	
	3 元/3.5 元	___/___	___/___	___	___/___	
	4 元/4.5 元	___/___	___/___	___	___/___	
	5 元/6 元	___/___	___/___	___	___/___	
	7 元/8 元	___/___	___/___	___	___/___	
	9 元			___		
	退款	___	___	___		¥
小计金额						¥
其他票种	团体票					
	月票					
小计金额						¥

备注	1. 免费出站票__________张；付费出站票__________张，金额__________元
	2. 发售不成功单程票__________张，ID 分别是：
	3. 使用《乘客事务处理单》__________张，编号：从__________至__________
	4. 其他：

站务员签章		客值签章	
员工号		员工号	

此表一人两联，第一联上交票卡收益中心(白色)，第二联留车站(蓝色)。

表 3-2 ________号线____________站乘客事务处理单

NO.：15000001

年　　月　　日　　时　　分　　　　编号：NG-R-PwPK-025

事件详情	处理结果
(　)TVM 卡币/少出票/少找零，设备编号：	(　)发售免费出站票张
(　)车票无效(不能进/出闸)	(　)收取现金元，发售付费出站票张
(　)闸机误用，扇门不开	(　)收取现金元，更新车票
(　)乘客无票乘车	(　)免费发售元单程票张
(　)一卡通内余额不足/上次出站未刷卡/进站未刷卡	(　)回收原票
(　)手机支付，无法分析，不能出闸	(　)其他
(　)违规使用车票	
(　)单程票/一卡通超时(进/出闸)	
(　)乘客使用过期票(进/出闸)	
(　)其他	
	涉及差额(+/−)：¥
乘客确认以上内容属实后，签名并填写以下资料：	
乘客签名：　　　　电话：	
车站确认：　　　站务员签章：　　　客值/值站签章：	

此表一式三联，第一联上交票卡收益中心(白色)，第二联留存车站(蓝色)，第三联交乘客(红色)。

表 3-3 ________号线____________站车票人工退款记录表

NO.：15000001

年　　月　　日　　　　编号：NG_R_PK_027

车票人工退款							
序号	办理时间	票种	车票 ID	票面价值/出售价格	办理原因	确认人签章	乘客签名
1				¥			
2				¥			
3				¥			
4				¥			
5				¥			
6				¥			
7				¥			
8				¥			
9				¥			
10				¥			

续表

车票人工退款							
序号	办理时间	票种	车票 ID	票面价值/出售价格	办理原因	确认人签章	乘客签名
11				¥			
12				¥			
13				¥			
14				¥			
15				¥			
			退票金额合计	¥			
备注：							
站务员签章				客值签章			
员工号				员工号			

此表一式两联，第一联上交票卡收益中心(白色)，第二联留存车站(蓝色)。

备注：应急情况或其他不通过 BOM 设备操作的退票填写此表，每行仅填写一张退票，应急时大批量退票可不要求乘客签名。

表 3-4　客服中心交接班本

日期	时间	BOM 编号	备品状态	需交接工作	交班人	接班人	监督人

表 3-5　车站边门进出登记表

日期	姓名	证件种类	证件编号	进/出站	进/出人数	进/出时间	经办人签名	值班站长(区域站长/副站长)签名	备注
				□进□出					
				□进□出					
				□进□出					
				□进□出					
				□进□出					
				□进□出					
				□进□出					

任务实施

一、岗前准备

1. 作业条件

(1) 站务员准时到岗。

(2) 当班客运值班员为站务员进行配票工作。

(3) 当日首次配票时间：首班车到站前 30 min。

2. 安全要点

(1) 防止备用金、车票、报表、钥匙配发错误。

(2) 防止填写报表或输入现金库存系统时填(输)错、填(输)漏。

(3) 客运值班员与站务员必须当面点清所有车票及备用金并确认签章。

(4) 在票务室配票和结账必须在摄像头有效范围内进行并确保票务室门已锁闭。

3. 配发备用金、车票、发票

客运值班员根据站务员上岗数量，准备好相应数量的票盒、发票盒、硬币盒，然后，将配置的车票、发票、备用金置于票盒、发票盒、硬币盒中，填写好《客运值班员交接班台账》(见表 3-6)，注明配发单程票 XX 张，备用金 XX 元。

表 3-6 客运值班员交接班台账

年 月 日 时 分 ____当/次日 时 分 班次：

交班客值签章		值站签章		本班营收金额		送行金额		票务室结存现金	
车站备用金	本班增加/减少数	本班结存				备注			
票务备用金		纸币		硬币		合计			
应急备用金									
总计									
本班配出备用金	本班配出纸币	本班配出硬币	客值签章	站务员签章	本班回收总金额	本班回收纸币	本班回收硬币	客值签章	站务员签章
TVM补币					TVM回收				
票盒_					票盒_				
票盒_					票盒_				

续表一

本班配出备用金	本班配出纸币	本班配出硬币	客值签章	站务员签章	本班回收总金额	本班回收纸币	本班回收硬币	客值签章	站务员签章
票盒_					票盒_				
票盒_					票盒_				
票盒_					票盒_				
总计									
票务备品/工器具使用情况					票务钥匙使用情况				
本班工作事项									

项目 票种	上班结存	增加数									减少数							本班结存
		车票配发	给站务员结账					回收			车票上交	给站务员配票					补票	
			票盒_	票盒_	票盒_	票盒_	票盒_	TVM	AGM	其他		票盒_	票盒_	票盒_	票盒_	票盒_		
单程票																		
TVM废票																		
其他废票																		
团体票																		
2元预制票																		
3元预制票																		
4元预制票																		

续表二

项目/票种	上班结存	增加数									减少数							本班结存
		车票配发	给站务员结账					回收			车票上交	给站务员配票					补票	
			票盒—	票盒—	票盒—	票盒—	票盒—	TVM	AGM	其他		票盒—	票盒—	票盒—	票盒—	票盒—		
5元预制票																		
6元预剩票																		
1元纸票																		
1.5元纸票																		
2元纸票																		
2.5元纸票																		
3元纸票																		
4元纸票																		
5元纸票																		
6元纸票																		
站务员签章																		

封款箱交接							接班客值签章		值站签章		时间	
封款箱编号		封款箱加封人		交箱人		收箱人						

(1) 配发备用金。在监控范围内由站务员当面清点客运值班员准备好的备用金，确认无误后填写《站务员结算单》中“备用金金额”栏，纸币、硬币可分开填写，站务员在《客运值班员交接班台账》上签字确认，并当面确认客运值班员在现金库存系统“配票登记”界面录入的内容与实际配发是否相符，无误后在系统上确认、保存。

(2) 配发车票。在监控范围内由站务员当面清点客运值班员准备好的各类车票，确认无误后填写《站务员结算单》中各车票的“开窗张数”栏，并当面确认客运值班员在现金库存系统“配票登记”界面录入的内容与实际配发是否相符，无误后在系统上确认、保存。

4. 配发报表

站务员需检查客运值班员配发的报表是否齐全，相关报表有《站务员结算单》《乘客事务处理单》《车票人工退款记录表》等。

5. 配备票务备品、钥匙

(1) 第一班站务员向客运值班员领取客服中心钥匙，同时在《车站钥匙借用记录表》(见表 3-7)上进行登记。

(2) 接班站务员向交班站务员领取票务钥匙，清点确认后在《客服中心交接班本》上进行登记。

表 3-7 车站钥匙借用记录表

编号：NG-R-K2-ZW-029

日期	钥匙种类	数量	使用原因	借用时间	单位	借用人	联系方式	借出人	归还时间	归还人	回收人

二、接班站务员与交班站务员交接

1. 作业条件

客运值班员负责监督交班站务员与接班站务员的交接工作。

2. 安全要点

(1) 准备：交班站务员需将本班所有现金、车票及各类报表收好放在票盒内再与接班站务员进行交接。

(2) 现金运送：现金在运送途中必须放入锁闭的票盒中，由客运值班员与站务员负责运送和运送途中的安全。

(3) 设备操作：交班站务员离开客服中心时需及时退出 BOM，接班站务员需使用自己的用户与密码登录 BOM。

3. 作业步骤

(1) 暂停作业：交班站务员需悬挂“暂停服务”牌后方可进行交接工作，交接班时间一般为 3 min～5 min。

(2) 现金管理：交班站务员将本班所有现金、车票及各类报表收好放在票盒内，并及时退出 BOM 后再与接班站务员进行交接。

(3) 事项交接：交班站务员需向接班站务员传达近期票务相关通知、规定及其他注意事项。

(4) 检查确认：接班站务员检查客服中心内各票务设备、备品、钥匙齐全且状态完好后，在《客服中心交接班本》签字确认。

(5) 设备交接：接班站务员需使用自己的用户名与密码登录 BOM。

三、常见问题

(1) 交接班时会出现交接班人员数量未达标准的情况。

(2) 容易出现信任交接的情况，即未对钱票进行认真清点便进行交接。

(3) 客运值班员未按要求护送站务员到达客服中心。

(4) 客运值班员未按要求对客服中心的两名站务员的交接情况进行监督。

(5) 接班站务员未按要求及时填写《客服中心交接班本》。

(6) 登录账号混用。

专家提示

(1) 严格按照车站票务管理手册等文本执行钱票清点。

(2) 杜绝信任交接，必要时由值班站长进行监督。

(3) 杜绝单人运送有价证券。

(4) 客运值班员监督两名站务员交接，并监督确认其填写《客服中心交接班本》。

任务评价

根据以上学习内容，评价自己对本任务内容的掌握程度，在下表相应空格里打“√”。

评价内容	差	合格	良好	优秀
对站务员票务备品使用的掌握				
对站务员交接班作业流程的掌握				
学习中存在的问题或感悟				

任务二　票务日常管理

相关知识

一、岗位职责

站务员日常需完成的事项：引导乘客正确操作票务设备、负责客服中心的工作、检查乘客车票的有效性、完成相应票务报表的填写、巡视车站自动售检票系统(Automatic Fare Collection，AFC)设备的运作情况、处理与乘客相关的票务事宜、处理简单的 AFC 设备故障、协助处理票务应急情况、完成上级布置的其他票务工作。

二、现金管理

现金流程图如图 3-1 所示。

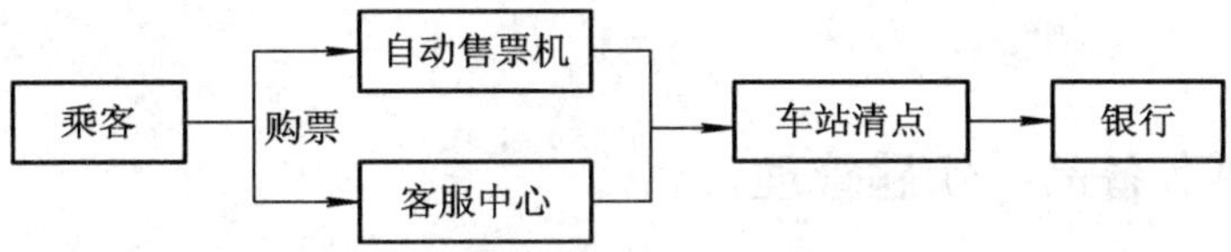

图 3-1　现金流程图

现金日常安全管理需注意以下几点：

(1) 车站现金只能存放在车站现金安全区域，车站现金安全区域包括票务室、客服中心(含临时票亭，以下同)、自动售票机(TVM)。

(2) 车站现金安全区域在有操作时必须做好安全保护，无操作时必须处于安全锁闭状态。

(3) 客服中心营业时，应将现金存放于专门的现金抽屉或器具内，不得将现金放在乘客可触及的地方。

(4) 票务室内处理完毕的现金，客运值班员应立即放入上锁的保险柜中。

(5) 现金从一个安全区域转移到另一个安全区域或者送银行解款时，必须做好途中安全保护，降低现金被劫的风险。

(6) 运营时间内，非当班票务工作人员或非票务工作人员需进入票务室和客服中心时，必须得到车站一定级别的人员(当班值班站长或以上级别人员)的许可，并由一名当班票务工作人员或以上级别的员工陪同方可。当班客运值班员离开票务室时，原则上，票务室内所有人员必须随同离开，不得逗留。

(7) 票务室摄像监控设备必须 24 h 开启，票款的清点、交接必须在监控下进行，票款在清点后应立即放入保险柜内保管。

三、车票管理

乘客使用车票的流程如图 3-2 所示。

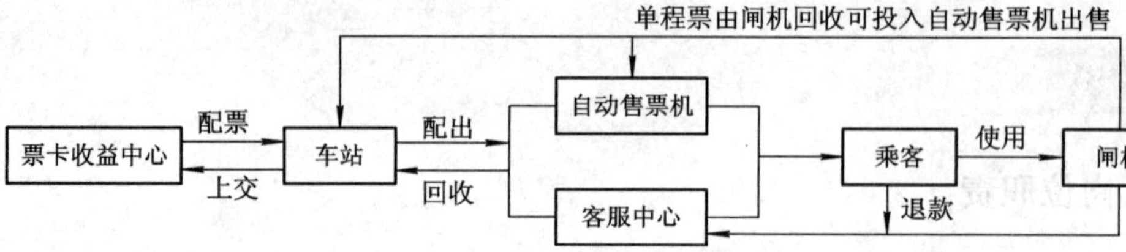

图 3-2　乘客使用车票的流程(市民卡可重复使用，问题车票到客服中心处理)

车票的安全管理需注意：

(1) 原则上车票只能存放于票务室、客服中心、自动售票机(TVM)、自动检票机(AGM)、车票回收箱。预制票应存放于保险柜或锁闭的票柜中。

(2) 站务员在客服中心处理车票时，应将车票放在乘客接触不到的地方，并做好安全防盗工作。

(3) 车票需从一个安全区域转移到另一个安全区域时，必须做好途中安全保护，降低车票被劫的风险。

四、车站票务备品、钥匙管理

1．票务备品管理一般要求

(1) 备品需在车站相关台账上反映增减情况。

(2) 备品包括：钱箱、票箱、点钞机、验钞机、手推车、点币机、点票机、捆钞机、售票盒、币托等。

(3) 备品由当班的客运值班员全权负责保管。

(4) 备品的更换由客运一部、客运二部站务中心负责。

2．钱箱、票箱保养注意事项

(1) 钱箱、票箱要轻放，不要在地上拖行，以免刮花。

(2) 钱箱、票箱放入手推车时要注意放置平稳，推行时要匀速前进。

(3) 保持钱箱、票箱的清洁。

(4) 放在高处的钱箱、票箱注意靠墙放，以免落下造成损坏。

(5) 装有钱的钱箱及装有票的票箱要用双手摆放。

(6) 禁止脚踩钱箱或坐在钱箱上。

3．票务钥匙的管理

钥匙交接的规程如下：

(1) 第一班站务员向客运值班员领取客服中心钥匙，同时在《车站钥匙借用记录表》

上进行登记。

(2) 接班站务员向交班站务员领取票务钥匙，同时在《客服中心交接班本》上进行登记。

此外，在交接中还应注意：

(1) 使用前认清钥匙是否与该设备配套。

(2) 使用前确认钥匙是否到位，不要未到位就用力转动。

(3) 严禁使用钥匙去撬硬物。

五、特殊情况票款的确认

TVM 内部现金指 AFC 维修人员或其他车站人员打开 TVM 维修门后，从 TVM 内部人工清出未进入钱箱的现金，从 TVM 其他部件拾到的现金及从故障钱箱或补币箱清出的遗留现金(含找零口，不含钱箱故障未能打开的情况)。

任务实施

一、站务员工作程序

1. 准备售票

(1) 站务员到客运值班员处报到，领取备用金、车票等，按实际数量在《站务员结算单》上签收交接。

(2) 领取客服中心钥匙(若为第一班，则向客运值班员领取；若为接班人员，则向交班人员领取)，同时做好相关登记。

2. 开窗售票

(1) 售票前必须使用自己的密码、操作号登录。

(2) 售票时必须遵守“一收、二唱、三操作、四找零”；车票在交给乘客之前，必须使用 BOM 进行分析，确保每一张车票的有效性，并通过显示屏请乘客确认。

(3) 售票时，不接受外币和支票。

(4) 若车票、备用金不足时，站务员必须及时通知客运值班员，要求补充，并在《站务员结算单》等相关台账上注明，做好交接工作。

(5) 若站务员中途离开或返回客服中心，必须与顶岗人员当面交接清楚后(顶岗人员需另配票盒，若未另配票盒，严禁顶岗人员上岗)，再在 BOM 上注销或登录。

(6) 由客运值班员依据本站的站务员售卖情况，在售卖中途从站务员处及时收取预收款，原则上客服中心纸币不得超过 2000 元。

3. 售票结束

(1) 站务员以个人密码退出登录(临时顶岗或他人顶班时也要进行此项操作)。

(2) 站务员与客运值班员结账。

(3) 站务员携带本人所有的现金、车票、票据及各类报表到票务室。

(4) 客运值班员与站务员双人清点所有现金并确定金额正确后，在《站务员结算单》上填写“实点总金额”。“实点总金额”需更改时，必须由站务员、客运值班员、当班值班站长 3 人签章确认。

二、现金的交接与保管

1. 客运值班员与站务员之间的交接

(1) 结账时的票款交接。客运值班员与站务员在监控范围内当面清点所收款后，以实点数填写《站务员结算单》的“实点总金额”栏，双方签章确认，现金交由客运值班员保管。

(2) 预收票款的交接。客运值班员向站务员收取预收票款时，双方应当面清点和交接所预收的款项，客运值班员在《站务员结算单》上签收。

(3) 备用金的交接。客运值班员与站务员交接备用金时，双方应当面清点确认后，在《站务员结算单》的“备用金金额”栏填写金额，双人盖章确认。

(4) 存根联需 10 本加封保存。车站每月需对各票据使用情况进行统计，并报站务中心汇总，由站务中心统一交财务部。

2. 现金的加封

所有的现金均需由参与清点的人员负责加封。现金可用钱袋、信封、砂纸加封，加封效果必须保证一经破封无法复原。

(1) 钱袋加封：加封前，先在封条上注明加封金额、加封车站、加封人和加封日期。加封时，将钱袋口用绳子缠绕扎紧后再用封条缠绕加封。纸币需用钱袋加封时，应先用砂纸加封或信封加封后再钱袋内加封。

(2) 信封加封：加封前，先在票务信封的正面注明加封金额、加封车站、加封人、加封日期。加封时，先将信封口封住，再用封条将信封背面的接缝处封住，最后在信封背面封条骑缝处及封面上盖章。

3. 客服中心现金票款的处理

(1) 为降低车站客服中心现金保管风险，客运值班员应根据站务员的票款收入情况向站务员预收票款，确保客服中心的纸币现金不超过 2000 元。

(2) 站务员每班工作结束后，应将所有现金放入上锁的售票盒，到票务室与客运值班员共同清点。

三、车票的交接与保管

1. 客运值班员与站务员之间的交接

(1) 开窗前的车票交接：客运值班员与站务员当面确认车票信息后，填写《站务员结算单》；客运班员填写《客运值班员交接班台账》，站务员签字确认。

(2) 结账时的结余车票交接：客运值班员与站务员当面确认车票信息后，填写《站务员结算单》；对于 BOM 不能正常发售的车票，站务员须及时加封，封条上注明 BOM 无法发售，车票的票种、数量、加封人、加封日期；客运值班员填写《客运值班员交接班台账》，站务员签字确认。

(3) 票据的交接：纸票为站务员上岗时配出，结账时收回；发票为站务员专人专用，配出后不再回收，整本用完后回收存根联。对于整本用完的纸票、发票的存根联应在当班客运值班员监督下清点后交与客值保管，需在《票据存根登记台账》(见表 3-8)记录，站务员与客值双人签章，存根联加封保存。车站每月需对各票据使用情况进行统计，并报站务中心汇总，由站务中心移交财务部。

表 3-8　票据存根登记台账

使用年度：　　　　　　　　　　　　　　　　　　　　票种：

序号	存档日期	起始号码	终止号码	本数	张数	移交人	保管人
1							
2							
3							
4							
5							
6							
7							
8							
9							
10							
11							
12							
13							
14							
15							
16							
17							
18							
19							
20							

(4) 结账时与乘客事务处理有关的车票交接：经站务员回收的，需每日上交的乘客事务处理相关车票，由本人将车票分类扎好，根据加封的车票数量封入票务专用信封或钱袋，注明车票类型、数量、加封车站、加封人和加封日期，由客运值班员根据信封封面的张数与《站务员结算单》《乘客事务处理单》《车票人工退款记录表》上所填写的张数及信息进行核对，确认无误后随报表交收益工班。

2. 车票的加封

所有车票均需由参与清点的人员负责加封。车票加封(包含票据)可用票盒、钱袋(或布袋)、信封、砂纸加封，加封效果必须保证一经破封无法复原。预制票、与站务员结算相关车票、车票回收箱内市民卡需由当班客值与另一名员工(与站务员结算相关的车票当事人必须参与清点)共同清点加封。

(1) 票盒加封：用砂纸在票盒中间部位一字形缠绕后加封，封条上必须注明加封内容(加封内容指车票类型、数量、金额等，预制票还需注明售出期限，以下同)、加封车站、加封人和加封日期。

(2) 钱袋(或布袋)加封：将钱袋(或布袋)口用绳子缠绕扎紧后用封条缠绕加封，封条上注明加封内容、加封车站、加封人和加封日期。

(3) 信封加封与现金加封方式相同。

四、《站务员结算单》的填写

《站务员结算单》填写时应注意以下事项：

(1) 该报表在客运值班员给站务员配发车票、备用金及中途追加车票、备用金，客运值班员预收款及给站务员结账等情况下填写。

(2) “班次”选择早班或中班勾选。“时间”栏由站务员以 24h 制按照登录 BOM 的时间填写(即登录 BOM 的时间是属于早班时间就选早班，中班就选中班)。“BOM 编号”栏根据站务员实际登录操作的 BOM 编号进行勾选。

(3) “备用金金额”栏填写给站务员所配的各次备用金金额，开窗客值给站务员配发车票和备用金时，站务员和客值需要在“站务员 / 客值签章”栏处按顺序双人签章确认所配车票和备用金数量，之后每次追加配发车票、备用金时，均需以此格式双方签章确认。

(4) 车站同一站务员领用、售卖单程票、纸票、预制票时，在同一张《站务员结算单》上分区填写。各分区的“票种”列按所配车票的种类进行填写。团体票、纪念票等按发行的先后顺序填写在“其他票种”分区的空白栏。

(5) “开窗张数”列填写客运值班员配给站务员的各票种车票的张数。当车票数量不足需要追加时，则“开窗张数”列用“A+B+…”形式表示(A 为 BOM 中原有张数，B 为追加张数)。

(6) “关窗张数”列填写本班售票结束后，客运值班员从站务员处回收的各票种车票的实际数量。

(7) “开窗张数”和“关窗张数”栏原则上不允许更改，确实是由于笔误而必须更正的，在更改后必须由车站当事人双人共同确认并签章。

(8) “废票张数”列填写结账时站务员当班期间产生的所有废票(分票种)。其中“单程票”废票为 BOM 产生的废票。

(9) 各票种车票对应的“出售张数”的计算公式为：出售张数 = 开窗张数 – 关窗张数 – 废票张数。BOM 更新、发售付费出站票产生的金额不在“出售金额”栏填写。

(10) 当班站务员办理的所有车票退款情况均需分类反映在各票种“退款”栏内，以负值形式表示。其中纸票正常情况下不退款，只有因轨道交通运营原因无法完成运输服务的情况除外。

(11) 单程票“小计金额”、预制票“小计金额”和纸票“小计金额”栏分别填写各票种售卖总额扣除退款后的金额。

(12) “预收款金额”栏填写客运值班员在站务员结账前从该班站务员处收取的现金总额，若出现多次收取时，用“A+B+…”形式表示(A 为第一次收取金额，B 为第二次收取金额，依此类推)，要求客运值班员在“预收款客值签章”栏签章确认。

(13) “实点总金额”栏填写站务员结账时清点带回的所有钱，包括备用金和当班站务员带回的所有收入。“实收总金额”栏填写当班结务员的实际收入，公式为：实收总金额 = 实点总金额 – 备用金 + 预收款金额，“实点总金额”和“实收总金额”栏确实是由于笔误而必须更正的，在更改后必须由当班值班站长、客运值班员及站务员本人 3 人共同确认并签章。若客值顶岗，需要备注说明。

(14) “备注”栏填写出售的免费出站票张数，付费出站票张数、金额，以及 BOM 发售的无效单程票的张数，票面编号使用《乘客事务处理单》的张数、起/始编号(若编号不连续，则在空白处分段填写)，以及其他在售票过现中发生的与收益有关的异常事件也需在“备注”栏记录，如被劫、被盗等。

结账时站务员和客值在表格下方的“站务员签章”“客值签章”栏签章确认(建议盖章，若手写务必保证字迹清晰可辨)。

(15) 使用内置读卡器发售车票时只在同一张结算单上体现，即不再另写结算单。客服中心临时顶岗人员若需在 BOM 上进行涉及现金的操作，单独填写一张《站务员结算单》。(顶岗人员班次不写替班，填写 BOM 上岗时间。例如，顶岗在 11:00—12:00，就按照发生时间填写。属于早班时间范围，就填写早班，与 BOM 班次选择一致。若顶岗时间范围涉及两个班次，则需要填写：早/中。若在同一个早班或中班中顶岗了 2 次以上，只要填写早班或中班。)

(16) 车站确认站务员当班期间遗失车票时，站务员无需即时补款，应先将情况上报，之后根据票卡收益中心下发的《短款通知书》的相关规定进行补款。

五、常见问题

(1) 钱票加封不符合规定。

(2)《站务员结算单》及《乘客事务处理单》漏填、错填。

(3) 车票交接存在信任交接，站务员未及时签字确认。

专家提示

(1) 钱票加封需双人确认。

(2) 站务员日常加强乘客事务处理流程、标准的学习及报表填写的学习，客运值班员加强审核力度。

(3) 杜绝信任交接，按规定仔细清点。

任务评价

根据以上学习内容，评价自己对本任务内容的掌握程度，在下表相应空格里打“√”。

评价内容	差	合格	良好	优秀
对现金保管规定的掌握				
对车票管理规定的掌握				
对票务备品、票务钥匙管理的掌握				

任务三　乘客票务处理

相关知识

乘客票务处理主要按照非付费区(进站)和付费区(出站)两个不同的区域进行处置。

1．非付费区模式

半自动售票机对非付费区乘客所采用的服务模式，称为非付费区模式。

2．付费区模式

半自动售票机对付费区乘客所采用的服务模式，称为付费区模式。

任务实施

一、票卡类乘客票务处理

乘客票务处理涉及票卡类时，根据乘客是否有进出站信息、车票超程或无效等情况，依乘客持有的是市民卡还是单程票进行不同的处理，具体操作如表 3-9 所示。

表 3-9 票卡类乘客票务处理表

类别	票种	非付费区(进站)		付费区(出站)	
		车票分析结果	处理方式	车票分析结果	处理方式
无进站信息	单程票			无进站信息	1. 若该车票显示为本站发售的单程票，须由值班员或以上级别人员确认，输入本站进站码更新，凭原票出站，请乘客在 BOM 小单上签名。 2. 根据分析显示是其他车站发售的单程票，输入发售站进站码更新(预制票需询问乘客进站车站以确认输入进站码)；输入进站码后，当票内金额低于所乘车程费用时，补足票款后更新，并请乘客在 BOM 打印的小单上签名，凭原票出站。 3. 若乘客反映闸机被误用，则通知车站值班站长及以上级别人员确认，情况属实，则给乘客发售免费出站票出站，请乘客在 BOM 小单上签名
	市民卡			无进站信息	1. 经过人工分析市民卡内金额充足时，根据乘客所报的进站名更新，凭原市民卡出站，并请乘客在 BOM 小单上签名。 2. 经过人工分析市民卡内金额低于所乘车程费用，则原市民卡不作处理，以现金形式按所持车票优惠计费方式补交所乘车程费用，给乘客发售付费出站票出站，并请乘客在 BOM 小单上签名。 3. 若乘客反映闸机被误用，站务员在 BOM 上分析出车票最后一次扣钱车站、扣钱时间及扣钱金额，通知值班站长及以上级别人员确认，发售免费出站票，乘客凭免费出站票出站，并请乘客在 BOM 小单上签名
无出站信息	单程票	有进站码	1. 车票已有在本站的进闸记录而乘客未进闸的，可在 20min 以内在本车站 BOM 处免费办理更新(更新金额输入“0”，以下同)，更新后乘客原票进站，并请乘客在 BOM 小单上签名。 2. 车票已有在本站的进闸记录而乘客未进闸的，超过 20min 则直接回收单程票，向乘客说明原因，让乘客重新购买单程票		

续表一

类别	票种	非付费区(进站)		付费区(出站)	
		车票分析结果	处理方式	车票分析结果	处理方式
无出站信息	市民卡	有进站码	1. 车票已有在本站的进闸记录而乘客未进闸的，可在 20 min 以内在本车站 BOM 处免费办理更新(更新金额输入“0”，以下同)，更新后乘客原票进站，并请乘客在 BOM 小单上签名。 2. 若该票显示更新收费(车票已有在本站的进闸记录而乘客未进闸超过 20 min 或乘客上次出站未刷出站码)，则按所持车票优惠方式在卡上扣除最低车程费后更新车票，乘客刷卡进站；并请乘客在 BOM 小单上签名。 3. 对持免费乘车卡的乘客，车站为乘客进行更新，乘客刷卡进站，并请乘客在 BOM 小单上签名		
车票超程	单程票			余额不足	1. 向乘客收取需补车费后更新车票，乘客持票出站。 2. 若单程票无法更新，原单程票收回，向乘客收取需补车票，发售付费出站票，请乘客在 BOM 小单上签名，乘客凭付费出站票出站
车票超程	市民卡	余额不足	告知乘客卡内余额低于轨道交通设定的限制进站票价时无法进站，并告知乘客轨道交通内不办理市民卡充值业务，请乘客购买单程票进站	余额不足	根据车票分析结果，系统按所持车票的优惠方式默认显示“现金支付”界面，向乘客现金收取“应收”金额后更新原票卡，发免费出站票，乘客凭免费出站票出站，并请乘客在 BOM 小单上签名(若乘客未带现金，则选择“一卡通支付”方式，扣完卡内金额为止)
车票超时	单程票	尚未出站	非本站的进站码，则回收车票，请乘客重新购票	超时	向乘客收取超时费用(本站最高票价)后更新车票，乘客持票出站，请乘客在 BOM 小单上签名
车票超时	市民卡			超时	向票客收取超时补款(本站最高票价)后更新车票，乘客持原市民卡出站、并请乘客在 BOM 小单上签名

续表二

类别	票种	非付费区(进站)		付费区(出站)	
		车票分析结果	处理方式	车票分析结果	处理方式
车票超时	市民卡			ô 超时且余额不足	系统按(本站最高票价)默认显示"现金支付"界面，向乘客现金收取(本站最高票价)后更新原票卡，发免费出站票，乘客凭免费出站票出站，并请乘客在 BOM 小单上签名。请乘客自行前往充值点充值(若乘客未带现金，则选择"一卡通支付"方式，扣完卡内金额为止)
车票过期	单程票	过期	回收车票，请乘客重新购票乘车	过期	回收车票，请乘客在 BOM 小单上签名，给乘客发售付费出站票(线网最高票价)出站
车票过期	市民卡	过期	轨道交通车站不办理一卡通手续，请乘客自行到发卡方处理。 对于持"免费乘车卡"的乘客，车站开边门给乘客进站，其他乘客请另外购买单程票进站	过期	对于持免费乘车卡的乘客，站务员通知值站到现场确认，在《车站边门进出登记本》上登记好后，给乘客开边门进出站，并提醒乘客及时到发卡方处理。 其他乘客，车站给乘客发售付费出站票(线网最高票价)出站，并请乘客在 BOM 小单上签名
车票无效	单程票	人为折损	回收车票，请乘客重新购票	人为折损	回收车票，请乘客在 BOM 小单上签名，给乘客发售付费出站票(线网最高票价)出站
车票无效	单程票	无赋值信息	若为 BOM、TVM 发售无效票，回收车票，填《乘客事务处理单》，标注交易记录代码，由车站值班员及以上级别人员确认后，在 BOM 上给乘客免费发售一张等值单程票。乘客在 BOM 的小单上签字确认，作为短款依据	无赋值信息	回收车票，请乘客在 BOM 小单上签名，由车站值班员及以上级别人员确认后，给乘客发售免费出站票出站
车票无效	市民卡	人为折损	轨道交通车站不办理一卡通手续，乘客自行购票进站	人为折损	以现金形式按单程票计费方式补交所乘车程的票款，发售付费出站票，乘客请付费出站票出站，并请乘客在 BOM 小单上签名
车票无效	市民卡	无任何信息	市民卡请乘客自行到发卡方处理 对持免费乘客卡的乘客车站开边门允其进站，做好登记，并请乘客及时到发卡方办理相关手续	无任何信息	市民卡请乘客自行到发卡方处理。 对持免费乘车卡的乘客车站开边门允其出站，做好登记

续表三

类别	票种	非付费区(进站)		付费区(出站)	
		车票分析结果	处理方式	车票分析结果	处理方式
无票	—	—	购票进站	—	按线网最高票价收费，请乘客在BOM小单上签名，发售付费出站票。乘客凭付费出站票出站
既超时又超程	—	—	—	—	按车票超时处理

二、设备类乘客票务处理

设备类乘客票务处理主要指TVM卡币、TVM找零不足以及TVM少出票时的票务处理工作。在具体实操中应遵循以下规程：

(1) 出现TVM卡币、TVM找零不足、TVM少出票的情况时，车站人员应向乘客询问购票情况，客运值班员应迅速到现场检查TVM投币是否有硬币/纸币堵塞或乘客显示屏是否显示卡币/卡票/找零不足，并打开TVM维修门，查看最近10条交易记录。

(2) 若在TVM内未生成交易记录但在设备中发现所卡现金，则填写《乘客事务处理单》，客运值班员在《乘客事务处理单》上注明TVM编号、发生时间及处理结果，车站将该现金退还给乘客。

(3) 若TVM交易记录检查结果与乘客反映情况一致，则填写《乘客事务处理单》，客运值班员在《乘客事务处理单》上注明TVM查询详情(详细交易时间、购票金额、投入金额及找零情况)及处理结果，车站客服中心站务员用备用金退还相应款额给乘客或发售相应面值的车票。若TVM交易记录已生成且在设备中发现所卡现金，则该现金由客运值班员与站务员/维修人员共同在《特殊情况票款登记表》(见表3-10)中“内部金额”栏记录。

(4) 若TVM交易记录检查结果与乘客反映情况不一致或因设备故障等原因无法当场确认时，填写《乘客事务处理单》，注明发生时间、购票及投币详情。

① 当班客运值班员填写《退款申请单》(见表3-11)，说明原因，并备注当天办理《乘客事务处理单》编号，当班客运值班员、当班值班站长及晚班负责清点的客运值班员签字确认，若有现场证明人需附当时现场情况说明，证明人签字，当班值班站长签字确认，随当日报表一并上交收益工班。

② 乘客来取卡币金额时，车站客服中心用备用金退还乘客，在当日的运营收入总金额中扣除退款金额，填写《乘客事务处理单》，并在“收入日报”中进行备注。

表 3-10　_____号线_______站特殊情况票款登记表

NO.：15000001

年　　月　　日　　　　　　　　　　　　　　　　编号：NG-R-PW-PK-026

TVM编号	金额		交款人	收款人	陪同人	面值	数量	发现时间	发现位置/方式
	内部金额	外部金额							
小计									
备注：									

表 3-11　_____号线_______站退款申请单

NO.：5000001

编号：NG-R-PW-PK-020

申请车站		设备号		发生日期	
申请退款金额		《乘客事务处理单》编号			
事件经过详细说明	事件详情				
	交易记录情况				
	调查视频监控情况				
	AFC 维修情况				
当班客值签字		清点客值签字		值站签字	
收益工班审核结果	审核人：				
中央维护工班查询结果(含 AFC 维修工班现场核查情况)					
	查询人员签字		中央系统维护工班长意见		
票卡收益中心主任意见					

★ **填写说明**

事件详情：注明发生卡币、吞币的具体时刻(具体到分钟)，购票金额，购票张数，出票张数等具体情况。

交易记录情况：交易记录是否生成，和乘客表述是否一致。

调查视频监控情况：需要车站调查监控时，查看监控后的具体情况。

AFC 维修情况：是否请 AFC 工班人员维修，维修是否取出钱款。

(5) 办理乘客退款时，须由当班值班员或以上级别人员到现场确认并在《乘客事务处理单》上双人签字。

(6)《退款申请单》处理流程：

① 收益工班收到《退款申请单》后，通知 AFC 系统维护工作人员进行数据查询，并填写数据查询结果说明，票卡收益中心主任签字确认。

② 收益工班应在收到《退款申请单》3 个工作日内回复，根据查询结果决定是否发送“退款通知书”电子版本给车站及站务中心邮箱。如有记录证实确实发生 TVM 卡币、少出票、找零不足，出闸机扣费不对等现象，或具有现场证明人签字说明，则同意退款；否则，不予退款。

③ 车站接收到“退款通知书”当日通知乘客凭《乘客事务处理单》办理退款。乘客来取卡币金额时车站客服中心用备用金退还乘客，填写《乘客事务处理单》，并在“收入日报”以及《站务员结算单》的“备注”栏中注明当日“退款通知书”总数量及总金额，随当日报表一并上交收益工班。

④ 如不同意退款，车站需耐心向乘客做好解释工作。

⑤ 车站接收到的“退款通知书”暂无乘客认领时，车站将该“退款通知书”妥善保管、正确交付。

(7) 特殊情况，当乘客反映未出票、未找零，现场未发现钱款和交易记录，车站已办理过《乘客事务处理单》，后期经维修取出了所卡钱款时，晚班客运值班员填写《退款申请单》时备注说明此钱款已取出，票卡收益中心填写“退款申请书”通知车站退款。

三、其他情况的乘客票务处理

1.“运营故障需清客”的应急处理

因运营故障需清客时，运营控制中心(OCC)行调通知各站。车站接到相关信息后做好给乘客退票/更新的准备工作。

乘客在付费区，受影响乘客要求退票时，应遵循以下原则处理：

(1) 单程票：引导乘客从边门出站(车票不回收)，车站根据现场情况在非付费区即时办理退票或告知乘客 7 日内可持该票到任一车站退票。

(2) 非免费乘车的市民卡：引导乘客从边门出站，车站根据现场情况在非付费区即时免费更新或告知乘客 7 日内可到任一车站进行免费更新。

乘客不在付费区，受影响乘客要求退票时，可按车票实际余值办理即时退票，或引导乘客 7 日内到任一车站办理退票。

除以上情况外的其他车票按规定办理。

2.“列车越站”的应急处理

接到运营控制中心(OCC)行调列车越站的通知后，越站停车的第一个车站做好给乘客退票/更新的准备工作。

越站列车上受影响乘客的处理如下：

(1) 单程票超程：回收车票并计入当天站存车票，引导乘客从边门出站。

(2) 非免费乘车的市民卡超程且余额不足：给车票进行免费超程更新，并请乘客在BOM小单上签名，乘客从闸机出站。

(3) 付费区持票无法到达车站的乘客要求退票时，车站确认车票与当天发生特殊情况的时间相符，单程票按车票实际票价即时退票，填写《车票人工退款记录表》，并请乘客在BOM小单上签名。

(4) 除以上情况外的其他车票按规定办理。

3. 车站出现火灾等紧急情况的应急处理

车站出现火灾等紧急情况时需引导乘客从边门、闸机处离开车站。

乘客持受影响单程票办理退款时，车站需确认车票的上次使用日期与应急日期相同，且在允许期限内，回收乘客的车票，填写《车票人工退款记录表》，退还乘客相应金额。

如持市民卡的乘客持受影响车票前来处理时，站务员需确认车票的上次使用日期与应急日期相同，且在允许期限内，免费给乘客更新车票，并请乘客在BOM小单上签名。

4. 特殊情况时票务处理规定

应急情况下车站对受影响的车票进行处理时可由站务员单独处理，车站值班员或以上级别人员及时跟进了解现场办理情况。

(1) 非免费乘车的市民卡：乘客持受影响免费车票前来处理时，站务员需确认车票的上次使用日期与应急日期相同，且在允许期限内，免费给乘客更新车票，并请乘客在BOM小单上签名。

(2) 单程票：乘客持受影响单程票办理退款时，车站需确认车票的上次使用日期与应急日期相同，且在允许期限内，回收乘客的车票，填写《车票人工退款记录表》，退还乘客相应金额。

(3) 免费乘车的票种：乘客持受影响车票前来处理时，站务员在非付费区模式下为乘客进行免费更新。

5. 乘客无法搭乘尾班车

(1) 单程票：通知值班站长及以上级别人员确认，情况属实则填写《车票人工退款记录表》，按单程票实际票价给乘客退款。发售免费出站票，乘客凭免费出站票出站，并请乘客在BOM小单上签名。

(2) 市民卡、月票：通知值班站长及以上级别人员确认，情况属实则为乘客进行免费更新(选择“现金支付”方式，输入“实收金额”为“0")，发售免费出站票出站，并请乘客在BOM小单上签名。

6. 乘客退票

(1) 当日购买，且无进出站记录的有效单程票：在BOM上给乘客退票；退还车票票面金额。

(2) 当日购买且未曾使用过的本站或其他站发售的预制票：填写《车票人工退款记录表》，退还乘客车票票面金额。

(3) 车票能够正常分析，并符合退票要求，但不能进行系统操作：通知值班员或以上级别人员到现场处理，填写《车票人工退款记录表》，退还乘客车票票面金额。

(4) 车票无法分析：通知值班站长或以上级别人员到现场确认，填写《乘客事务处理单》，退还乘客相应购票金额。

(5) 当已发售付费出站票，乘客又找到原车票时，填写《车票人工退款记录表》，退还乘客原付费出站票的金额，付费出站票回收，单独加封上报票卡收益中心。

四、常见问题

(1) 一日票、三日票错误发售。
(2) 对团体票的发售规定不熟练。
(3) 错发付费出站票。
(4) 对乘客事务处理的流程不熟悉或理解错误。
(5) 对应急情况下的乘客事务处理不熟悉或一知半解。
(6) 当出现日常乘客票务或应急情况下的乘客票务时无法及时反应。

专家提示

(1) 在一日票、三日票等易混淆的车票上做好标签。
(2) 将常用备品及台账、报表及时保存好，应急情况下可以使用。
(3) 发售付费出站票时仔细确认。
(4) 车站加强乘客票务处理流程的学习和培训。
(5) 日常加强票务应急演练，保持业务熟练度。

任务评价

根据以上学习内容，评价自己对本任务内容的掌握程度，在下表相应空格里打“√”。

评价内容	差	合格	良好	优秀
对票卡类乘客票务处理的掌握				
对设备类乘客票务处理的掌握				
对其他情况的乘客票务处理的掌握				

模块训练

任务训练单

班级： 姓名： 训练时间：

任务训练单	客运服务相关作业
任务目标	掌握客服中心交接班作业流程，日常现金、车票及票务备品的保管和常见乘客票务的处理
任务训练	请从下列任务中选择两个进行训练：客服中心交接班注意事项，现金、车票、备品及票务钥匙的保管，半自动售票机的运用、车票出售、补票作业、退票作业、车票超程的票务处理、车票超时的票务处理、车票无效的票务处理、车票进出次序错误的票务处理、半自动售票机日常维护、卡票处理、票箱故障、BOM 无法打印
任务训练一 (说明：总结作业流程，并在实训室进行实操训练或者上机在模拟软件上完成实操训练。)	
任务训练二 (说明：总结作业流程，并在实训室进行实操训练或者上机在模拟软件上完成实操训练。)	
任务训练的其他说明或建议：	
指导老师评语：	
任务完成人签字： 日期： 年 月 日 指导老师签字： 日期： 年 月 日	

模块小结

本模块讲述了站务员一日作业流程中的交接班注意事项，日常的现金管理、票卡管理和票务备品、票务钥匙的管理，同时涉及一日作业流程中的各项安全措施及注意事项，并针对日常客服中心的作业流程及常见票务类的乘客事务进行了分析及学习。

本模块还介绍了站务员日常的票务岗位职责及常见的应急处理，如列车清客、列车越站、列车火灾时车站的票务处理。

模块自测

一、填空题

1．车站现金只能存放在车站现金安全区域，车站现金安全区域包括(　　　　　　)、(　　　　　　)、(　　　　　　)。

2．备品包括：(　　)、(　　)、(　　)、(　　)、(　　)、(　　)、(　　)、售票盒、币托等。

3．售票程序为：一(　　　　)、二(　　　　)、三(　　　　)、四(　　　　)。

4．现金可用(　　　　)、(　　　　)、(　　　　)加封。

5．当日购买未曾使用过的本站或其他站发售的预制票需退票时，填写(　　　)，退还乘客车票票面金额。

6．首班列车到站前(　　)min，站务员开启 BOM，开窗售票。

二、简答题

1．简述 TVM 卡币/卡票后的处理流程。

2．简述列车清客时的票务应急处理。

3．简述日常现金管理的注意事项。

4．根据某个案例填写《站务员结算单》。

5．简述乘客无法搭乘尾班车的票务处理程序。

6．简述 BOM 的常见故障。

7．请根据本模块所学的知识，上机完成 BOM 的实操练习。

拓展自测

一、选择题

1．办理应急情况下的乘客事务时，《乘客事务处理单》上需注明(　　)。

A．应急事件名称　　　　　　　　B．发生应急事件的线路或车站名

C．办理的车站名　　　　　　　　D．发生应急事件的日期(月、日)

2．当需要人工售卖车票时，售卖车票的时间段为车站最早一列载客列车到达前(　　)分钟至最后一列载客列车开出前(　　)分钟。

A．5, 5　　　B．3, 10　　　C．8, 3　　　D．10, 3

3．应急情况下给乘客办理的特殊退款单程票，由(　　)清点加封。

A．客服中心岗　　　　　　　　B．客运值班员

C．客服中心岗与客运值班员　　D．值班站长

4．全部进站闸机故障处理错误的是(　　)。

A．发生车站引导持票乘客从边门进站

B．其他车站对于免费乘车的票种，引导乘客从边门出站

C．其他车站对于单程票回收后从边门出站

D．其他车站对于非免费乘车的城市一卡通，引导乘客到客服中心，按车票“进出次序错误”时的操作给车票更新，若车票超程则按规定收取超程费用后更新车票，乘客从闸机出站。

5．乘客在付费区所持车票BOM分析不出来，询问乘客后，车票为当日所买。客服中心应该(　　)。

A．收取乘客6元，发售付费出站票

B．填写《乘客事务处理单》，发免费出站票给乘客，车票回收

C．直接放边门走

D．收取乘客本次乘车费用，回收车票，在边门登记本登记后从边门走

6．客运值班员与客服中心双人清点所有现金并确认金额一致后，在《客服中心岗结算单》上填写实收金额。若填写错误，必须通知当班值班站长确认清点情况，并由(　　)对更改金额进行签章确认。

A．客值、结账客服中心岗　　　　　　B．客值、值班站长

C．客值、值班站长、结账客服中心岗　D．站长、值班站长、客值

7．单程票特殊退款时，客服中心在BOM上分析车票并询问乘客，所得信息需与(　　)内发生轨道交通故障信息时间相一致，通知值班站长或以上级别人员到场确认。

A．5日(不包括应急当日)　　　　B．5日(包括应急当日)

C．3日(不包括应急当日)　　　　D．3日(包括应急当日)

8．任何人不得同时借用或掌握以下钥匙(　　)。

A．TVM门钥匙和客服中心门钥匙　　B．票务室门钥匙与回收箱钥匙

C．TVM门钥匙与保险箱钥匙　　　　D．补币箱钥匙与客服中心柜钥匙

9．通道方向指示器位于闸机前后两端的面板上，有(　　)两种显示符号。

A．绿色箭头和红色禁止　　　　B．绿色禁止和红色箭头

C．绿色圆圈和红色禁止　　　　D．绿色箭头和红色圆圈

10．下列关于车票使用说法错误的是(　　)。

A．单程票在发售当站、当日使用有效

B．乘客持有效车票进、出车站付费区时，实行一人一票制

C．乘客持有效纸票进、出车站时一律从指定的边门进、出车站付费区

D．乘客进入车站付费区后，车票使用时限为 160 分钟

二、判断题

1．因公致残警察凭本人《中华人民共和国伤残人民警察证》免费乘车，由边门验证登记后通行。(　　)

2．残疾军人凭本人《中华人民共和国残疾军人证》免费乘车，由边门验证登记后通行。(　　)

3．车站全部 BOM 故障时，引导无法正常进闸的持票乘客从边门进站。(　　)

4．车站全部 BOM 故障时，引导付费区无票乘客到客服中心办理补款，发售付费出站票，填写《乘客事务处理单》。(　　)

5．应急票是一种在特殊情况下使用的车票，包括预赋值单程票和纸票两种。(　　)

6．车站全部进站闸机故障时，引导乘客从边门进站。(　　)

7．已过有效期的预赋值单程票需用专用信封封装，填写张数、票种、日期、金额等说明，由车站清点确认后签字，并上交至票务车间。(　　)

8．钱箱的清点工作由客运值班员和一名当班员工双人进行，客运值班员负责清点，另一人负责监督。(　　)

9．当列车越站时，计次票、城市一卡通免费更新后，乘客从边门出站，填写《乘客事务处理单》。(　　)

10．应急情况下给乘客办理的特殊退款单程票，只需客服中心岗单独清点加封。(　　)

三、填空题

1．闸机车票回收装置主要由票口、(　　)、车票回收执行机构、(　　)、控制板等部分组成。

2．(　　)安装于闸机通道进站端或出站端的机壳顶盖上方，便于乘客在检票时观看检票相关信息。

3．更换闸机票箱时，将票箱盖板翻起插入，盖板关闭票箱进票处，此时盖板边(　　)指示灯亮起。

4．当发生紧急情况需要乘客紧急撤离车站时，启用(　　)模式，闸机处于全开状态，乘客出站不检票。

5．客服中心岗及客值登陆 BOM 后默认进入(　　)模块。

6．BOM(　　)模块提供票卡充值、退票、更新，票卡锁卡/解卡等功能。

7．从外观来看，TVM 主要包括触摸显示屏、(　　)、硬币投入口、纸币入口、(　　)、储值卡入口。

8．售票时必须遵守(　　)、(　　)、(　　)、(　　)的操作。

9．客运值班员与客服中心岗双人清点所有现金并确定金额一致后，在《客服中心岗结算单》上填写(　　)。

10．车站发现火灾等紧急情况时，引导乘客从(　　)、(　　)离开车站。

四、简答题

1．十字文明用语是什么？

2．报表填写错误时应如何处理？

3．请写出需要填写《乘客事务处理单》的情况。

4．《客服中心结算单》中普通单程票一栏中的出售数如何计算？

5．客值与售票员之间有哪些现金交接？简述交接流程。

五、实操题

1．简述闸机取票箱操作流程。

2．简述客服中心开窗售票作业流程。

模块四　故障应急处理

案例导学

小明在车站候车时看到列车进站至站台一半区域突然停止，无法继续前行。同时，小明还看到一扇屏蔽门上方的门头灯持续闪烁，车站站务人员到达现场进行故障处理。小明就想：一旦车站发生设备故障，站务员该怎么去处理呢？

学习目标

(1) 能监控屏蔽门、安全门状态。

(2) 能汇报屏蔽门/安全门故障的具体信息和影响列车情况。

(3) 能进行信号系统故障信息汇报。

(4) 能进行非正常情况下接发列车作业。

(5) 能进行 AFC 设备故障信息汇报。

(6) 能及时进行 AFC 故障设备下的乘客事务处理。

技能目标

(1) 熟练掌握屏蔽门工作原理，能够口述屏蔽门常见故障处理流程。

(2) 熟练掌握信号系统故障条件下的信息汇报、客运组织、非正常条件下接发车作业标准。

(3) 熟练掌握 AFC 系统设备应急处理办法。

任务一　屏蔽门/安全门故障

相关知识

一、故障概况

(1) 设备名称：屏蔽门。

(2) 故障现象：单扇屏蔽门(安全门)无法关闭/开启，整侧屏蔽门(安全门)无法关闭/开启、屏蔽门(安全门)破损。

(3) 故障影响程度与等级：影响运营。

二、故障处理经过简介

1. 信息获得

(1) 站务人员发现单扇或多扇屏蔽门(安全门)无法关闭/开启。

(2) 站务人员发现整侧屏蔽门(安全门)无法关闭/开启。

(3) 站务人员发现屏蔽门(安全门)故障导致列车无法进站或已出站的列车停车。

2. 先期故障预判断及准备内容

先期故障判断时的各种情形有：

(1) 站务人员发现单扇屏蔽门(安全门)无法关闭原因为：列车关门后，故障门不能随列车门一起关闭，门头状态指示灯长亮或闪烁。

(2) 站务人员发现单扇屏蔽门(安全门)无法开启原因为：列车到站开门后，故障门不能随列车门一起打开，门头状态指示灯可能闪烁。

(3) 站务人员发现整侧屏蔽门(安全门)无法关闭原因为：列车关门后，整侧门不能随列车门一起关闭，门头状态指示灯长亮或闪烁。

(4) 站务人员发现整侧屏蔽门(安全门)无法开启原因为：列车到站开门后，整侧门不能随车门一起打开，门头状态指示灯可能闪烁。

(5) 站务人员发现屏蔽门(安全门)故障导致列车无法进站或已出站的列车停车原因为：因特殊原因导致屏蔽门(安全门)被挤开或其他故障，导致门头状态指示灯长亮或闪烁。

为处理故障需要准备的物品有 PSL 钥匙、端门钥匙、LCB 钥匙、故障贴纸等。

3. 实际处置过程与说明

(1) 单扇屏蔽门(安全门)无法关闭，站台人员用 LCB 钥匙将故障门打到手动关，确认站台安全向司机显示“好了”信号，列车动车。动车后，在该扇屏蔽门(安全门)贴上故障贴纸并设置 1 m 线防护。

(2) 多扇屏蔽门(安全门)无法关闭，站台人员通知行值无法及时处理，在做好安全防护后向司机显示“好了”信号，司机进行互锁解除动车。

(3) 单扇屏蔽门(安全门)无法开启，站台人员用 LCB 钥匙将故障门打到“手动关”，确认站台安全向司机显示“好了”信号，列车动车。动车后，在该扇屏蔽门(安全门)贴上故障贴纸并设置 1 m 线防护。

(4) 多扇屏蔽门(安全门)无法开启，站台人员赶到故障门处引导乘客绕行，接行值指令将故障门打开(手动开或手动解锁)，保证每节车厢有一扇门常开，确认乘客上下完毕、站台安全后，向司机显示“好了”信号。动车后，在故障屏蔽门(安全门)贴上故障贴纸并设置 1 m 线防护。

(5) 整侧屏蔽门(安全门)无法关闭，待列车车门关闭时，引导站台乘客远离屏蔽口，确认站台安全后，向司机显示“好了”信号，列车动车。故障修复前，接行值通知操作互锁解除接发后续列车。

(6) 整侧屏蔽门(安全门)无法打开，站台人员接行值指令，在站台侧手动开启屏蔽门(安全门)，保证每节车厢至少一扇常开，确认乘客上下完毕、站台安全后，向司机显示“好了”信号。动车后，在故障屏蔽门(安全门)贴上故障贴纸并设置 1m 线防护。

(7) 屏蔽门(安全门)故障导致列车无法进站或已出站的列车停车，如果屏蔽门(安全门)已关闭，但 PSL 上“门关闭锁紧”指示灯不亮，则接行值通知，恢复站台 PSL 开关位置。如果工班赶到后无法修复，则按行值通知，使用“互锁解除”接发后续列车；如果列车出站过程中突然收不到屏蔽门“关闭且锁紧信号”，发生紧急制动，则尽快到故障站台确认站台安全及所有的屏蔽门是否处于关闭状态并汇报车控室。

三、原因分析

(1) 故障产生直接原因：单个或者多个屏蔽门(安全门)的开关与列车门开关不一致。

(2) 故障直接原因产生因素分析：单个或者多个屏蔽门(安全门)不能与列车进行信号联动。

四、案例处理优化分析

此类故障正确处理的关键步骤及方式方法为：首先，站台岗应密切注意屏蔽门(安全门)门头灯的显示；其次，应密切注意列车超过规定停站时间的情况。

此外，案例处理的优化解决方案为：发现屏蔽门(安全门)异常情况，需第一时间报告车控室，同时加强站台的巡视，便于第一时间发现故障及时处理。

专家提示

发生屏蔽门故障时，应按照“先通后复”的原则。车站人员要及时处理，确保安全后及时面向司机显示“好了”信号(显示地点原则上在事故发生点就近向司机显示)。

列车到站(停车标 ±300 m)停稳后，发生屏蔽门与车门联动功能故障时，必须按照“打开时先开屏蔽门后开车门，关闭时先关屏蔽门后关车门”的顺序，在 PSL 上手动操作屏蔽门打开或关闭，若 PSL 上手动操作不能打开或关闭时，在 IBP 盘进行操作。

运营期间，如因故障需保持屏蔽门常开时，车站应做好防护，对不能关闭的单挡或多挡滑动门，必须安排专人看护。专人看护时，原则上每个人可监护六挡相邻屏蔽门。

使用互锁解除接发列车时，须经行调同意。

★讨论思考题

如果单个屏蔽门故障无法关闭导致列车无法发车，操作“手动关”也无法解除门头灯闪烁问题，该如何进行操作？

任务二 AFC设备故障

相关知识

一、故障概况

(1) 设备名称：TVM、AGM、BOM。

(2) 故障现象：TVM 全部故障，BOM 全部故障，进站闸机全部故障，出站闸机全部故障。

(3) 故障影响程度与等级：影响运营。

二、故障处理经过简介

1．信息获得

站务人员发现 TVM 全部故障、BOM 全部故障、进站闸机全部故障、出站闸机全部故障。

2．先期故障判断及准备内容

(1) 车站报 OCC，值站进行各岗位安排。

(2) 为处理故障需准备的内容包括：纸票、预制票等。

3．实际处置过程与说明

(1) TVM 全部故障：售卖预制票、纸票。打开边门检票、引导乘客进站。

(2) BOM 全部故障：在边门处引导非付费区无法正常进站的乘客从边门进站、付费区无法出站的乘客回收单程票从边门出站，对持储值票的乘客做好解释，并配合设备检修。

(3) 进站闸机全部故障：打开边门，引导乘客从边门进站，做好服务解释工作，配合设备维修。

(4) 出站闸机全部故障：打开边门，引导乘客从边门出站，回收单程票，对持储值票的乘客做好解释，配合设备维修。

三、原因分析

(1) 故障产生直接原因：TVM 无法正常购票，AGM 刷卡/插卡无法开启，BOM 无法对车票进行分析及操作。

(2) 故障直接原因产生因素分析：AFC 系统(软件)故障。

四、案例处理优化分析

(1) 此类故障正确处理的关键步骤及方式方法：及时汇报车控室，及时开放边门，做好人工售票、回收车票的准备。

(2) 案例处理的优化解决方案：做好乘客服务，避免造成客流拥挤。

专家提示

出站闸机全部故障的情况，需要告知持卡的乘客，本次车费在下次乘车时到客服中心按所持车票优惠方式补收最低车程费或免费更新。

★讨论思考题

如果运营前检查时发现所有进站闸机无法正常使用，开站后站务员应该如何应对？

模块训练

班级：　　　　　　　　　　　　姓名：　　　　　　　　　　　　训练时间：

任务训练单	故障应急处理相关作业
任务目标	掌握屏蔽门(安全门)故障处理流程；掌握电话闭塞行车组织流程；掌握 AFC 设备故障处理流程
任务训练	请从下列任务中选择两个进行训练：单扇或多扇屏蔽门(安全门)无法关闭/开启；整侧屏蔽门(安全门)无法关闭/开启；屏蔽门(安全门)故障导致列车无法进站或已出站的列车停车；人工准备进路；TVM 全部故障；BOM 全部故障；进站用机全部故障；出站闸机全部故障
任务训练一 (说明：总结作业流程，并在车站、练兵线进行实操训练或在车站进行桌面演练。)	

任务训练二 (说明：总结作业流程，并在车站、练兵线进行实操训练或在车站进行桌面演练。)
任务训练的其他说明或建议：
指导老师评语：
任务完成人签字：　　　　日期：　年　月　日 指导老师签字：　　　　日期：　年　月　日

模块小结

本模块详细讲述了屏蔽门(安全门)故障、信号系统故障、AFC 设备故障的概况、处理经过、故障原因分析、实际操作时的关键点及注意事项，对站务员在实际工作中有重要的指导意义。

模块自测

一、填空题

1. 站务人员发现整侧屏蔽门(安全门)无法关闭原因为：列车关门后，整侧门不能随列车门一起关闭，(　　)。

2．单扇屏蔽门(安全门)无法开启，站台人员用(　　)将故障门打到“(　　)”，确认站台安全后，向司机显示“(　　)”信号。

3．BOM 全部故障时，付费区持单程票乘客无法出站的乘客应(　　)从边门出站。

二、简答题

1．屏蔽门故障有哪些？

2．单扇屏蔽门无法开启，该如何操作？

3．AFC 有哪些设备故障？

拓展自测

一、选择题

1．屏蔽门个别门关不上时，故障无法排除，立即打至(　　)位。

A．开门　　B．关门　　C．隔离　　D．自动

2．屏蔽门故障，整侧门打不开时，站台岗原则上打开并隔离每节车厢第(　　)扇车门对应的滑动门。

A．1　　B．2　　C．3　　D．4

3．如滑动门破裂，车站用封箱胶粘贴，将该滑动门(　　)。

A．打开　　B．关闭　　C．打开并隔离　　D．关闭并隔离

4．TVM 全部故障时，(　　)负责报 OCC 纸票售卖情况及车站客流情况。

A．客运值班员　　B．行车值班员

C．值班站长　　D．站长

5．TVM 故障后，值班站长应立即确认(　　)，视情况向领站请求支援。

A．进站客流　　B．出站客流

C．进闸客流　　D．出闸客流

6．车门故障时，故障贴纸贴在车门(　　)侧，高度在(　　)m 左右。

A．内侧，1.6　　B．外侧，1.6

C．内侧，1.5　　D．外侧，1.5

二、判断题

1．车站售卖预赋值单程票须得到 OCC 同意。(　　)

2．遭遇暴雪，车站应准备铲雪锹、大竹扫把等应急备品。(　　)

3．列车在区间内发生爆炸，且此时列车可维持运行，应将列车运行至前方车站。(　　)

4．司机发现车门屏蔽门夹人、夹物，应先操作开关门一次。(　　)

5．发生紧急情况须疏散乘客时，在乘客疏散完毕后，应保持所有出入口开启并派人把守。(　　)

6．车站大面积停电时，若 8 分钟尚未恢复正常照明则应向行调申请关站。 ( )

三、填空题

1．正常情况下，应急门应保持( )且( )。

2．关闭应急门后，应通过查看相应滑动门指示灯是否熄灭及 PSL 上的“( )”指示灯是否点亮，以确定应急门是否锁紧。

3．车站现金安全区域包含( )、( )、( )。

4．车站发现火灾等紧急情况，引导乘客从( )、( )离开车站。

5．AFC 设备故障临时测试(单程票模块)车票借用，车站借票仅限 AFC 设备故障临时测试借用，且只能借用( )。

6．半自动售票机故障情况下，引导无票的乘客( )，填写《乘客事务处理单》。

四、简述题

1．简要描述一侧站台多个屏蔽门无法开启时，你所在岗位的处理。

2．简要描述一侧站台多个屏蔽门无法关闭时，你所在岗位的应急处理。

模块五　突发事件应急处理

案例导学

小君就职于轨道交通行业，从事的是客服中心岗，对于该岗位的作业流程比较模糊，想通过一些途径学习相关的业务知识以便自身更快适应岗位需求，特别是发生一些突发事件的时候，她感觉无从下手，不会处理。

那么，如果车站发生突发事件，车站工作人员应该采取哪些应急措施？如何最大程度地减少人员伤亡和财产损失呢？

学习目标

(1) 掌握事故事件的分类及内容。

(2) 掌握事件特征分析。

(3) 掌握应急机构及职责。

(4) 掌握信息报告程序。

(5) 掌握现场应急处置流程。

(6) 掌握应急物资和装备保障。

技能目标

(1) 能把保障人民群众生命安全放在首位，最大限度地避免和减少突发事件造成的人员伤亡和危害。

(2) 能在统一领导下，在处置中主动配合、密切协作、信息共享、形成合力，保证突发事件信息的及时准确传递，快速有效处置。

(3) 一旦发生突发事件，能根据事件类型、级别等因素迅速启动相应预案，做到快速反应，正确应对，果断处置，尽快恢复运营，尽量减少损失。

任务一　公共卫生事件(故)类

相关知识

公共卫生事件类主要包括传染病疫情、生化、毒气和放射性污染等造成或可能造成社会公众健康，损害或严重影响城市轨道交通运营的突发事件。

一、乘客突发疾病现场处置

乘客突发疾病现场处置是为了当车站发生旅客疾病时，各岗位能够分工明确，各履其职，快速有序地进行现场处置。

突发疾病的定义：在车站管辖范围内，乘客因病突然无法自控、晕倒或死亡。

车站现场处置小组的组长为值班站长，组员为行车、客运值班员，站务员、站台保安，当车站发生旅客疾病时，车站现场处置小组自然成立。

现场处置小组的职责：值班站长担任前期现场处置负责人，负责现场处置的指挥协调，行车值班员负责车站信息的收集、传达与汇报，客运值班员与站务员根据值班站长安排，做好人员疏导和现场协助处置。

站务员的工作内容：配合值班站长做好现场的先期处置；做好秩序维护工作、人员疏导和现场协助处置。

二、车站接待公共媒体现场处置

突发公共事件已成为影响社会稳定的突出问题，尤其是此类事件在公共媒体(传播信息的媒介，能为信息的传播提供平台)平台传播时，车站会遇到很多问题。正确引导社会舆论，促使事件妥善处理，关系社会稳定和人心安定，关系城市轨道交通发展的良好形象。规范轨道交通事件新闻报道工作，可最大限度地减轻因突发事件给社会造成的损失和影响，确保应急工作高效有序进行。

任务实施

一、乘客突发疾病现场处置实施

当车站发现有乘客突发疾病，站务员应马上上报车控室及当班值班站长，做好现场的保护工作，待值班站长和客运值班员到场后，做好配合工作。乘客突发疾病信息报告流程如图 5-1 所示。

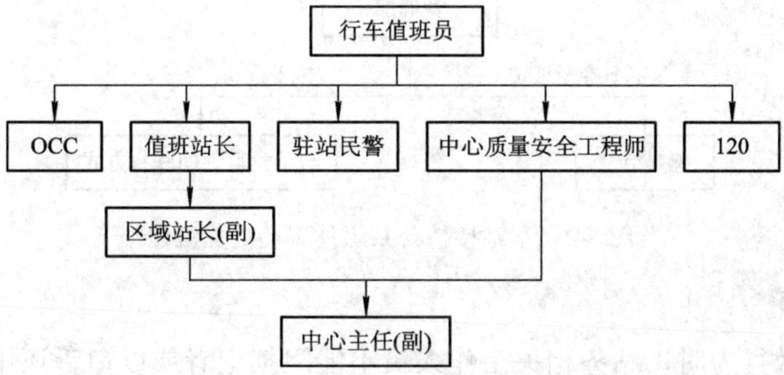

图 5-1　乘客突发疾病信息报告流程

同时，车站发生乘客突发疾病后，站务员需根据值班站长安排做好相关本职工作。

在此过程中，需铭记以下注意事项：

(1) 对于昏迷或神志不清的乘客，应立即拨打120，同时做好现场急救(在救护车到达前可以通过车站广播寻找乘客中的医务人员，帮助现场急救)。

(2) 如发病乘客出现伤人或破坏行为时，站务员应及时制止，并立即通知民警到场。

(3) 站务员应协助取证，第一时间寻找目击证人(两人以上)，留下资料(旁证资料)并现场确认，妥善保管。

(4) 车站应根据现场情况做好信息的续报工作。

二、车站接待公共媒体现场处置实施

1．公共媒体接待原则

(1) 站务员在接待前首先应清楚自身没有被采访权。

(2) 应确定来者的真实身份，查看记者证或索要相关人员名片，认真了解来访记者的单位、部门、姓名、联系方式等基本情况。

(3) 如车站负责人(站长或值班站长)未接到接待通知，应婉言拒绝媒体的采访。

(4) 第一时间逐级汇报，站长或值班站长上报站务中心主任，站务中心主任询问党群部是否愿意接受媒体的采访。如果接受，告知媒体采访对象，给予其联系方式及地址；如不接受，则劝其离开。

(5) 最短时间内，在内部将事件处理完毕，尽量使媒体关注的事宜弱化。

车站接待公共媒体现场处理流程如图5-2所示。

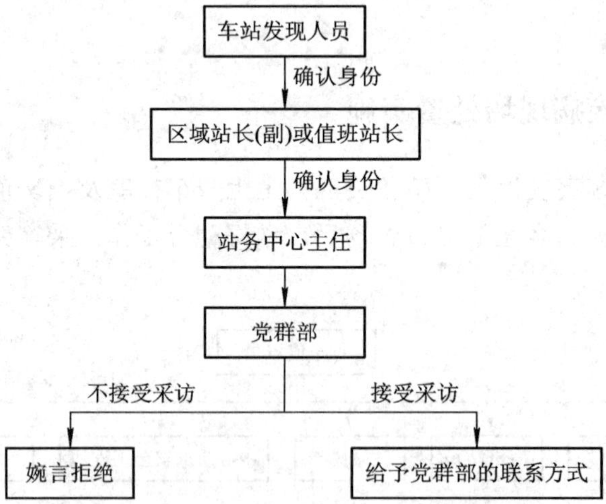

图5-2 车站接待公共媒体现场处置流程

2．注意事项

(1) 发生过激行为时，站务相关工作人员不能阻挡记者或以口舌还击，不能有肢体接触，不能与对方发生抓扯。

(2) 遇到突发性采访时，任何情况下(尤其是面对镜头时)不得有阻挠或躲避采访的行为，应坦然面对镜头、保持笑容，态度应委婉温和。

(3) 车站工作人员不得向媒体透露任何资料，一切报告均须保密。

(4) 如遇到拍照、摄像等行为要以礼劝阻，劝阻过程中注意言行得体。

(5) 如果得到公司授权，根据个人掌握的信息且得到公司领导同意发布后才能接受正式的采访，内容首先是正面宣传集团公司已经采取的措施。

3．媒体投诉处理

(1) 站务人员如通过各种渠道发现媒体投诉，应第一时间向值班站长或站长汇报。

(2) 网络投诉由党群部统一对外作出解释及回复，除特殊情况外，站务人员不得进行任何其他评论及跟帖。

4．信息发布

站务员向乘客传达的任何消息须得到有关方面可靠确认。其具体要求如下：

(1) 信息发布后预计的影响程度(如晚点、运营组织变化等)，影响程度涉及大间隔及其以上的需要保密，未经允许不得发布，并与行调确认。

(2) 车站安抚工作：乘客事务处理和票务处理按有关规定执行，必要时需向乘客致歉。

专家提示

乘客突发疾病，车站要第一时间拨打120急救，没有医学专业技能的工作人员不要进行匆忙急救，避免造成二次伤害。

任务评价

根据以上学习内容，评价自己对本任务内容的掌握程度，在下表相应空格里打“√”。

评 价 内 容	差	合格	良好	优秀
乘客突发疾病处置措施的掌握程度				
如何接待公共媒体				
学习中存在的问题或感悟				

任务二　行车事件(故)类

相关知识

行车事件(故)类主要包括道床伤亡、屏蔽门夹人夹物、站台掉人落物、列车火灾等造成或可能造成社会公众健康损害而严重影响城市轨道交通运营的突发事件。

一、车门/屏蔽门夹人夹物现场处置

车门/屏蔽门夹人、夹物时，工作人员应保证车站能快速、安全地进行处理，做好乘客广播、引导、安抚等客运组织工作，确保电客车准点运行。

事故发生时车门/屏蔽门的状况可分为车门/屏蔽门夹人夹物后常开、车门/屏蔽门夹人夹物后关闭两种。此时，车站现场处置小组自然成立，组长为值班站长，组员为行车、客运值班员，站务员、站台保安。

该处置小组负责启动应急预案，组织现场救援，及时向上级有关部门和 OCC 汇报情况，必要时报 120 进行救援。

其中，站务员的工作内容如下：

(1) 第一时间向车控室呈报时间、地点(上下行线、车门/屏蔽门位置)、车次。

(2) 向车控室及值班站长汇报事件概况(人员伤亡及设备损坏情况)。

(3) 向相关人员汇报现场先期处置情况。

(4) 配合值班站长完成应急处置和后续工作。

二、站台落物、掉人现场处置

发生站台落物或掉人时，应最大限度地避免乘客人身伤亡和财产损失，最大可能地减少事件对整个轨道交通运营的干扰和影响，将损失降低到最低限度。

站台落物、掉人指站台上的乘客或乘客随身携带的物品掉入轨行区。发生这种情况时，车站现场处置小组自然成立，组长为值班站长，组员为行车、客运值班员，站务员、站台保安。

该小组负责启动现场处置方案，组织现场疏散救援、及时向上级有关部门和 OCC 汇报情况并引导 120 进行救援。

其中，站务员工作内容如下：

(1) 第一时间向车控室呈报时间、地点(上下行线、车门/屏蔽门位置)、车次。

(2) 向车控室及值班站长汇报事件概况(人员伤亡及设备损坏情况)。

(3) 向相关人员汇报现场先期处置情况。

(4) 配合值班站长完成应急处置和后续工作。

三、人员擅入轨行区现场处置

发现有人员擅入轨行区后，车站应以人为本，最大限度地避免和减少突发事件造成的人员伤亡、危害，最大可能地减少事件对整个轨道交通运营的干扰和影响，将损失降低到最低限度。

这里，擅入指未经许可，擅自进入。此时，以值班站长为组长、行车、客运值班员、站务员、站台保安为组员的车站现场处置小组自然成立。该小组的职责为负责启动现场处置方案，组织现场查寻搜索、及时向上级有关部门和 OCC 汇报情况。

其中，站务员的工作内容具体如下：

(1) 第一时间向车控室呈报时间、地点(上下行线、车门/屏蔽门位置)、车次。

(2) 向车控室及值班站长汇报事件概况(人员伤亡及设备损坏情况)。

(3) 向相关人员汇报现场先期处置情况。

(4) 配合值班站长完成应急处置和后续工作。

四、道床伤亡现场处置

区间或车站道床伤亡事故发生时，应迅速处置，减小对正常行车和客运组织的影响，尽快恢复正常运营。这是因为发生道床伤亡事故时会对车站的正常运营产生直接的影响，造成人员伤亡、列车晚点，车车晚点、车站客流积压等严重后果。为此，车站应成立救援队，队长为值班站长，队员为行车值班员、客运值班员、站务员、保安、保洁人员。

其中，站务员的工作内容具体如下：

(1) 第一时间向车控室呈报时间、地点(上下行线、车门/屏蔽门位置)、车次。

(2) 向车控室及值班站长汇报事件概况(人员伤亡及设备损坏情况)。

(3) 向相关人员汇报现场先期处置情况。

(4) 配合值班站长完成应急处置和后续工作。

五、车站或者连通物业火灾现场处置

保证车站或者连通物业发生火灾时，车站人员能够正确处理突发状况，保证人员安全疏散。这里连通物业指与车站有接驳关系的物业单位。

按照火灾发生地点，车站火灾可分为：站内火灾、连通物业火灾、车站与连通物业同时火灾。发生车站连通物业火灾时，需要组织站内乘客疏散，必要时需要关站处理，因此，在一定程度上会影响正线运营。为此，车站应成立救援队，队长为值班站长，队员为行车值班员、客运值班员、站务员、保安、保洁人员。车站职责为当车站或连通物业火灾时，组织现场疏散救援、及时向上级有关部门和 OCC 汇报情况并引导 110、119、120 等进行排查救援，并做好关站工作。

其中，站务员工作内容如下：

(1) 第一时间向车控室呈报时间、地点(上下行线、车门/屏蔽门位置)、车次。

(2) 向车控室及值班站长汇报事件概况(人员伤亡及设备损坏情况)。

(3) 向相关人员汇报现场先期处置情况。

(4) 配合值班站长完成应急处置和后续工作。

六、区间设备火灾现场处置

区间设备设施出现火灾时，车站需以最短的时间控制火势，保证乘客人身安全，最大可能地减少火灾事故对整个轨道交通运营的影响，将事故损失降低到最低限度。

区间设备火灾指区间内线路的各种电缆、配电柜因短路、绝缘不良着火冒烟，射流风机着火冒烟，轨道因绝缘不良等原因造成电气短路引起橡胶件着火冒烟，高温天气导致线路各种设备过热而引发着火冒烟，外来物着火冒烟及区间设备房火灾等。其按照事故发生的严重性分为特别重大、重大、较大和一般火灾，按照事故发生的地点可以分为区间(高架)上下行线区间火灾和单线(上行线或下行线)区间火灾。

为对区间设备火灾进行处置，由当班值班站长担任车站疏散现场指挥，全权负责现场疏散工作，安抚乘客，监控疏散方案的实施，保证人身安全，引导110、119、120进行救援。

其中，站务员的工作内容如下：

(1) 第一时间向车控室呈报时间、地点(上下行线、车门/屏蔽门位置)、车次。

(2) 向车控室及值班站长汇报事件概况(人员伤亡及设备损坏情况)。

(3) 向相关人员汇报现场先期处置情况。

(4) 配合值班站长完成应急处置和后续工作。

七、列车火灾现场处置

车站应保证电客车发生火灾时，能尽快处置，在最短的时间内实施灭火救援，疏散乘客，最大可能地减少事故对整个轨道交通运营的干扰和影响，将事故损失降低到最低限度。

列车火灾指列车上发生的失去控制的燃烧所造成的灾害；列车特指电客车。按照事故发生地点，列车火灾可分为列车区间发生火灾和到站列车发生火灾；按照事故发生时对列车走行的影响则可分为影响列车走行的火灾和没有影响列车走行的火灾。

发生火灾时，由当班值班站长担任现场指挥，全权负责现场疏散工作，监控疏散方案的实施，全力救助疏散乘客，确保职工人身安全，随时向站务中心现场处置小组汇报救援进展情况。行车值班员负责做好信息的收集、传达、上报工作。客运值班员与站务员、保安、保洁人员听从值班站长安排，做好人员救助疏导工作。

站务员的具体工作内容为：

(1) 第一时间向车控室呈报时间、地点(上下行线、车门/屏蔽门位置)、车次。

(2) 向车控室及值班站长汇报事件概况(人员伤亡及设备损坏情况)。

(3) 向相关人员汇报现场先期处置情况。

(4) 配合值班站长完成应急处置和后续工作。

八、正线车站大面积停电现场处置

轨道交通车站发生大面积停电故障时，需尽快处置，确保车站乘客安全，尽快恢复正常运营。

正线车站大面积停电指单个及以上正线车站一、二级负荷停电。车站一、二级负荷停电影响范围包括通信系统、信号系统、防灾报警系统、机电设备监控系统、屏蔽门、防淹门、消防泵、废水泵、雨水泵、事故风机及其风阀、排烟风机及其风阀、站厅和站台照明、事故照明、非事故风机及其风阀、排污泵、扶梯、电梯、设备区照明和管理区照明、自动售检票、民用通信系统、冷冻机组。车站二级负荷停电影响范围包括非事故风机及其风阀、排污泵、扶梯、电梯设备区照明和管理区照明、自动售检票、民用通信电源、冷冻机组。

车站值班站长全权负责现场救援工作，制定救援方案，监控救援方案的实施，保证设备及人身安全、随时向应急指挥小组汇报救援进展情况。现场疏散和关站的操作则由车站救援队担任，按规定统一实施整个救援过程。

站务员工作内容如下：

(1) 第一时间向车控室呈报时间、地点(上下行线、车门/屏蔽门位置)、车次。

(2) 向车控室及值班站长汇报事件概况(人员伤亡及设备损坏情况)。

(3) 向相关人员汇报现场先期处置情况。

(4) 配合值班站长完成应急处置和后续工作。

任务实施

一、车门/屏蔽门夹人、夹物现场处置实施

车门/屏蔽门夹人、夹物后，第一时间上报车控室及值班站长，其他人员听从值班站长安排，进行现场处置。车门/屏蔽门夹人、夹物现场处置流程见表5-1。

表5-1　车门/屏蔽门夹人、夹物现场处置流程

类别	岗位 程序	行车值班员	值班站长	站务员、保安
车门/屏蔽门夹人、夹物后常开	信息接报	1-1. 发现车门/屏蔽门夹人、夹物后常开，安排站务员查看现场情况，报值站	1-5. 接到车门/屏蔽门夹人夹物后常开后，立即到达现场，启动本预案	1-2. 接行值通知，尽快到达故障点
		1-4. 接站务员、保安报告，了解现场情况，报值站		1-3. 发现车门/屏蔽门夹人、夹物后常开，报行值
	前期处置	2-3. 使用CCTV加强现场监控，了解现场情况，视情况做好应急广播	2-2. 做好站台安全防护，乘客疏导	2-1. 检查现场有无人员和异物，配合司机再次开关门。做好站台安全防护和乘客疏导
	现场处置	3-1. 安排站台人员对常开的屏蔽门进行处理。对人工操作的屏蔽门，做好引导和乘客广播。做好与OCC、司机、车站各岗位之间的信息传递。如有人员受伤，通知驻站民警，拨打120	3-3. 指导监督站台岗对车门/屏蔽门的处理，加强站台安全巡视，做好乘客疏导、安抚工作。会同客值处理必要的客运事务	3-2. 根据行值的要求，必要时对屏蔽门进行人工操作。待车门/屏蔽门关闭，确认该处车门与屏蔽门之间无异物后，报行值
	应急终止	4-1. 接到站务员车门/屏蔽门关闭通知，确认该处车门与屏蔽门之间无异物后，通知相关岗位	4-2. 列车离站后，通知各岗位终止本预案	

续表

类别	岗位 程序	行车值班员	值班站长	站务员、保安
车门/屏蔽门夹人、夹物后关闭(未动车)	信息接报	1-1. 发现车门/屏蔽门夹人、夹物后关闭，立即按压相应紧停按钮通知站台岗，报 OCC、值站	1-5. 接到车门/屏蔽门夹人、夹物后关闭，立即到达现场，启动本预案	1-2. 接行值通知，尽快到达故障点
		1-4. 接站务员、保安报告，了解现场情况，报 OCC、值站		1-3. 发现车门/屏蔽门夹人、夹物后关闭，立即按压相应紧停按钮，报行值
	前期处置	2-3. 使用 CCTV 加强现场监控，视情况做好应急广播	2-2. 做好站台安全防护和乘客疏导	2-1. 查看现场情况，检查有无人员受伤或设备损坏，报告行车值班员。做好站台安全防护和乘客疏导
	现场救援	3-1. 安排站台人员对关闭的屏蔽门进行处理。做好与 OCC、司机、车站各岗位之间的传递。如有人员受伤进行前期伤口处置。通知驻站民警，视情拨打 120	3-3. 指导监督站台岗对车门/屏蔽门的处理，加强站台安全巡视，做好乘客疏导、安抚工作。会同客值处理必要的客运事务	3-2. 根据行值的要求，配合司机开关门作业，清除异物。确认该处车门与屏蔽门之间无异物后，报行值。必要时对屏蔽门进行隔离操作
	应急终止	4-1. 确认该处车门与屏蔽门之间无异物，待车门与屏蔽门关闭后，取消相应紧停，报 OCC、值站	4-2. 列车离站后，通知各岗位终止本预案	

现场处置时的注意事项有：

(1) 行车值班员应根据现场情况做好信息的续报工作。

(2) 行车值班员正确记录应急处置过程中的时间节点及内容，完成事件经过的拟写。

(3) 如有人员伤亡，按《车站客伤现场处置方案》进行处理。

二、站台落物、掉人现场处置实施

当车站发生站台落物、掉人事件后，第一时间上报车控室及值班站长。其他人员听从值班站长工作安排，若需进入轨行区，应根据车控室命令按压相应紧停按钮并做好安全防护，在无安全隐患的情况下进入轨行区。站台落物、掉人现场处理流程见表 5-2。

表 5-2　站台落物、掉人现场处置流程

类别	岗位 程序		行车值班员	值班站长	站务员、保安
落物	信息接报		1-1. 发现有物品落入轨行区，初步判断该物品是否影响行车，如影响行车则立即按压相应的紧停按钮；通知站务员了解现场情况，报 OCC、值站		2-1. 发现有物品落入轨行区，初步判断该物品是否影响行车，如影响行车则立即按压相应的紧停按钮；报行值
			2-2. 接站台岗报告，了解现场情况，报 OCC、值站		1-2. 接行值通知，查看现场情况
	前期处置		3-3. 通知站台岗做好准备拾物的工作	3-1. 接到行车值班员报告后，启动本方案，立即至现场	3-2. 第一时间安抚乘客
	现场处置	影响行车	4-2. 做好与 OCC、车站各岗位之间的信息传递，使用 CCTV 加强现场监控，安排站台岗准备应急备品	4-1. 加强站台安全巡视。视情况安排站台岗拾物	4-3. 做好拾物准备后，报行值
			4-4. 报 OCC，得到允许下轨行区命令后通知站台岗捡拾物品		4-5. 根据行值命令，从两侧端门进入捡拾物品，确认人员、工具出清轨行区后报行值
		不影响行车	原则上不安排人员进入轨行区捡拾物品，特殊情况下按照 OCC 命令执行		
	应急终止		5-1. 确认人员、工具出清轨行区后，取消相应紧停，报 OCC、值站	5-2. 通知各岗位终止本方案	

类别	岗位 程序	行车值班员	值班站长	客运值班员	站务员、保安
掉人	信息接报	1-1. 发现有人员落入轨行区，立即按压相应的紧停按钮，安排站务员、保安了解现场情况，报 OCC、值站、驻站民警			2-1. 发现有人员落入轨行区，立即按压相应的紧停按钮，报行值
		2-2. 接站务员、保安报告，了解现场情况，报 OCC、值站、驻站民警			1-2. 接行值通知，查看现场情况

续表

类别	岗位 程序	行车值班员	值班站长	客运值班员	站务员、保安
掉人	前期处置	3-4. 使用 CCTV 加强现场监控，做好应急广播	3-1. 接到行车值班员报告后，启动本方案，立即到达现场	3-3. 接到通知后，立即携带应急药箱、手持喇叭等备品至现场	3-2. 做好乘客安抚，维持现场秩序，防止其他乘客跳下轨道
掉人	现场处置	4-2. 根据 OCC 命令进入轨行区进行救援，报值站实时监视现场情况，做好与 OCC、车站各岗位、救援部门之间的信息传递	4-1. 根据现场情况，协助乘客以最快的方式或路径离开轨行区，尽快出清线路；如乘客受伤无法自行上来，组织车站员工进入轨行区进行救援	4-3. 协助值站做好救援	4-4. 协助值站维持现场秩序，加强站台安全防护，并寻找 2 名目击证人并记录姓名和电话
掉人	现场处置	4-6. 根据值站安排拨打 120，安排专人在指定出入口引导 120	4-5. 做好现场保护，查看当事人伤势情况，并根据伤员情况(如已昏迷、骨折)或伤员要求安排行值拨打 120，对伤员进行简单包扎，并将当事人救至站台	4-7. 保护现场，防止乘客围观	4-8. 根据行值安排，到达相应出入口引导 120 进站
掉人	现场处置		4-9. 确认人员、工具出清轨行区后报行值		
掉人	应急终止	5-1. 确认人员、工具出清轨行区后，取消相应紧停，报 OCC、值站	5-2. 通知各岗位终止本方案		

现场处置时的注意事项有：

(1) 如果乘客不慎落入轨行区造成伤亡则按照《道床伤亡应急预案》进行处理。

(2) 对于昏迷或神志不清的乘客，应立即拨打 120，同时做好现场急救。

(3) 配合值班站长做好应急相关工作，维持好乘客秩序。

三、人员擅入轨行区现场处置实施

当人员擅入轨行区时，站务员需马上向车控室及值班站长汇报。其他人员应听从值班站长工作安排，若需进入轨行区，应根据车控室命令按压紧停按钮并做好安全防护，在无安全隐患的情况下进入轨行区。人员擅入轨行区现场处置流程见表 5-3。

表 5-3　人员擅入轨行区现场处置流程

程序＼岗位	行车值班员	值班站长	客运值班员	站务员	保安
信息接报	1-2. 接 OCC、站务员、保安外部人员进入轨行区通知，报值站、驻站民警，根据 OCC 命令按压相应紧停按钮			1-1. 发现外部人员进入轨行区，立即按压相应紧停按钮，报值站	
	2-1. 发现外部人员进入轨行区，立即按压相应紧停按钮，报 OCC、值站、驻站民警				
前期处置	3-2. 根据 OCC 命令，开启区间照明，执行相应应急模式	3-1. 启动本方案，准备相应应急备品(如对讲机、应急灯、扩音器、荧光衣、800 兆电台、担架等)做好区间寻人准备	3-3. 协助值站准备应急备品	3-4. 执行行车值班员/值班站长的安排，维持好乘客秩序	3-5. 协助值站做好区间寻人准备
现场救援	4-1. 做好与 OCC、车站之间的信息传递	4-2. 根据 OCC 命令，载有当事人的列车进站后，寻找当事人，请其下车，移交民警处理	4-3. 维护车站人员秩序	4-4. 区间另一端车站在相应端门处做好监视，防止人员进入其他区间	4-5. 协助值站处理
		4-6. 根据 OCC 命令，协同民警进入相应区间寻找当事人，将其带离区间	4-8. 维护车站人员秩序		4-7. 协助值站处理
	4-10. 接值站命令，向 OCC 报区间出清	4-9. 区间出清后通知行值			
应急终止		5-1. 现场处理完毕后，通知各岗位终止本方案			

处置时的注意事项有：

(1) 各岗位人员需要进入区间时，应做好防护。

(2) 配合值班站长做好应急相关工作，维持好乘客秩序。

四、道床伤亡现场处置实施

当发生道床伤亡时，站务员马上向车控室及值班站长汇报，并维持乘客秩序，配合客运值班员做好乘客服务。道床伤亡现场处置流程见表5-4。

表5-4 道床伤亡现场处置流程

流程岗位	行车值班员	值班站长	客运值班员	站务员	保安
信息接报	1-2. 接到报告后，立即报OCC、值站、驻站民警、站长、安全工程师。进入轨行区处置时，需经行车调度员同意	1-3. 接到通知后，立即赶赴现场			1-1. 发现时，立即按下紧急停车按钮并报行车值班员
前期处置	2-2. 通过CCTV加强现场监控，保持与OCC和现场人员的信息畅通。播放有关广播，安抚站内乘客	2-1. 通知车站人员启动本方案	2-3. 寻找2名或以上目击证人，做好笔录（证人基本情况、联系方式、事件经过等内容并签字）	2-5. 维持乘客秩序	2-4. 维持站台秩序，协助民警设置警戒线，劝离无关乘客
现场救援	3-2. 做好与OCC、车站各岗位之间的信息传递，实时监视现场情况，播放相应的应急广播	3-1. 经OCC同意后，携带相应的应急备品，带领人员进入轨行区，确认具体情况后，再报OCC	3-3. 及时做好票务、乘客事务处理	3-4. 加强钱、票保管，按客运值班员指示，做好旅客服务工作	3-5. 维持现场秩序，做好站台监护，劝离无关乘客，防止乘客围观
	3-7. 根据值站命令拨打120，及时将民警处理情况向OCC汇报	3-6. 如有人员伤亡，安排行值拨打120，并对受伤乘客进行现场急救	3-8. 配合民警设置防护，维持现场秩序，救助伤员	3-9. 到车站出入口迎接120救护车，配合120救护人员将伤者送医院抢救	3-10. 配合民警设置防护，维持现场秩序，救助伤员
应急终止	4-2. 向OCC、站务中心汇报应急解除	4-1. 处理完毕，确认线路出清后应急解除，通知行车值班员报OCC	4-3. 协助值站撤除防护		4-4. 协助值站撤除防护

处置时的注意事项为：

(1) 若发生多人伤亡事故，根据值班站长的安排进行抢救。

(2) 站务员应根据实际情况，做好自身防护。

五、车站或者连通物业火灾现场处置实施

当发生车站或连通物业火灾时，站务员立即报告车控室及值班站长，并在接到疏散指令后，配合值班站长的安排做好乘客疏散工作。车站或连通物业火灾应急处置流程见表5-5。

按照其发生的地点，火灾现场的处置实施也各有区别，具体方案如下：

1．火灾发生在车站内

车站在执行《车站站厅火灾应急处理程序》的同时，根据以下情况进行处理：

(1) 火灾未发生在疏散通道，车站可利用该通道进行疏散，车站同时通报连通物业协助疏散。

(2) 火灾发生在或蔓延至疏散通道内时，在相应的防火模式未启动的按表5-5中的火灾应急处置流程进行处置。

(3) 火灾发生在或蔓延至疏散通道内时，在相应的防火模式启动的情况下，车站应阻止乘客通过此出入口或通道，如附近有滞留人员，应尽快引导从其他出入口疏散。

表5-5　车站或连通物业火灾应急处置流程

岗位 流程	行车值班员	值班站长	客运值班员	站务员	保安、保洁
信息接报	1-1. 接到人员报告、物业单位通知、FAS报警或通过CCTV观察到火灾信息时，立即报值站、OCC，并与物业单位消防中控室人员取得联系，确认事发原因、范围，并向其提供一个备用电话	1-2. 接到行值通知后，立即到现场确认情况(火势大小、是否扩散至车站等)，及时将确认结果通知行值，启动本预案	1-3. 接到启动预案通知		
前期处置	2-2. 及时将现场确认结果、车站采取的行动、对方事态发展等情况续报OCC，视情况报驻站民警、119、120、站务中心质量安全工程师、中心主任(副)	2-1. 组织人员立即在通往物业区域的通道和站外出入口拦截乘客，疏散围观人员，引导乘客出站。同时组织人员进行救火	2-3. 接到疏散指令后，锁好票务室，到站台指引乘客疏散	2-4. 接到疏散指令后，立即锁好票箱和客服中心门，打开员工通道门，引导乘客往站外疏散	2-5. 接到疏散指令后，保安疏散围观人员，引导乘客。保洁立即在通往物业区域的通道和站外出入口拦截乘客

续表

岗位 流程	行车值班员	值班站长	客运值班员	站务员	保安、保洁
现场处置	3-3. 利用CCTV密切监视与物业相连的各通道，发现有人员从物业往车站疏散时，联系保安手动升起防火卷帘门	3-1. 组织人员使用消火栓把守相关通道，必要时，用其降低防火卷帘门表面温度或扑救窜入车站的火苗	3-2. 确认闸机全部开启，组织车站乘客疏散	3-4. 人员分组，一部分协助客值疏散乘客，一部分协助值站灭火	3-5. 保安协助值站灭火，当发现或接到车控室通知有人员从通道另一方往车站疏散时，立即手动开启防火卷帘门，待人员疏散完毕后再降下
	3-7. 根据值站命令，启动站厅火灾排烟模式(按下IBP盘相应防烟分区按钮)，并查看设备联动情况，及时反馈值站	3-6. 烟气窜入车站时，命令行值启动站厅火灾排烟模式	3-8. 视情况向乘客发放湿毛巾	3-9. 协助客值向乘客发放湿毛巾	
	3-11. 启动ISCS上的车站火灾模式。按车站公共区火灾处理	3-10. 火灾扩散至站厅时，按车站公共区火灾处理。向OCC请求关站	3-14. 确认乘客疏散完毕后报告车控室和值站	3-12. 确认乘客疏散完毕后报客值	3-13. 保安搜寻、解救受困人员，对受伤乘客进行安抚并疏散到站外；保洁到出入口张贴停止服务公示
应急终止	4-2. 协助做好开站准备工作	4-1. 火灾扑灭后，组织各岗位对站内各项设备的功能进行测试	4-3. 协助做好开站准备工作		
	4-5. 向OCC请求开站	4-4. 开站准备工作完成后，通知行值			
		4-6. 根据OCC开站命令，开放出入口，恢复运营	4-7. 开启车站各出入口		

2．火灾发生在连通物业内

(1) 火灾未发生在连通物业出入口附近。车站确认连通物业发生火灾后，车站应立即阻止乘客进入该连通物业，同时车站应安排人员在此连通出入口协助疏散，尽快引导乘客疏散出站，车站人员利用其他出入口出站。在确认该出入口附近无人员疏散后，车站通报连通物业后，手动操作降下该防火卷帘门。

(2) 火灾发生在连通物业出入口附近。在相应的防火模式未启动的情况下，车站应引导乘客通过其他出入口出站。通报连通物业后，现场作人员应手动操作半降该防火卷帘门，待附近人员疏散完毕后，立即手动操作全降该防火卷帘门。

(3) 火灾发生在连通物业出入口附近。在相应的防火模式启动的情况下，车站应引导乘客通过其他出入口出站。如附近有滞留人员，应尽快引导从其他出入口疏散。同时，车站应保持与连通物业的联系，并尽量满足连通物业的协助要求。

3．车站与连通物业同时发生火灾

车站与连通物业同时发生火灾时，按照车站公共区火灾执行。

最后，在火灾现场处置实施时，还应注意以下事项：

(1) 疏散人员时要做好安抚工作，防止踩踏事故发生。

(2) 必要时车站工作人员按上级指示撤离工作场所。

(3) 所有工作人员应根据实际情况，做好自身防护。

(4) 车站乘客疏散完毕后，除紧急出入口外，其余出入口均应关闭，紧急出入口需派人把守。

六、区间设备火灾现场处置实施

车站人员发现区间内发生火灾或接行车调度员通知后，应立即通知值班站长。

火灾处置流程如下：

(1) 听从值班站长安排，站务人员携带干粉灭火器添乘(地下站需待区间风机启动之后，烟雾较轻时，再前往处理)。

(2) 确认区间设备设施的火势较小且烟雾较淡时，根据车控室命令，站务人员携带干粉灭火器添乘。其他留守站务员做好车站客运组织工作。

区间设备发生火灾现场处置流程见表5-6。

表5-6　区间设备发生火灾现场处置流程

岗位/流程	值班站长	行车值班员	客运值班员	站务员	保安	保洁
信息接报	1-3. 接到区间火灾报告后，赶赴合适地点观察火势，通知行车值班员启动《区间设备火灾现场处置方案》，并告知相关情况	1-2. 接到车站工作人员报告或OCC通知区间内发生火灾事件后，立即通知值班站长做好救援准备工作	1-1. 发现区间内发生火灾事件报行车值班员			

续表一

岗位 / 流程	值班站长	行车值班员	客运值班员	站务员	保安	保洁
信息接报		2-1. 上报OCC、站务中心，汇报事件发生的地点、火势等情况。通知各岗位启动应急预案	2-2. 各岗位接到启动应急预案命令			
前期处置	3-1. 做好个人防护，组织人员准备进行前期灭火，视情况做好疏散站内乘客，报110、119、120的准备	3-2. 根据值站安排做好按压AFC紧急释放按钮，报110、119、120准备。此时向OCC、相关上级部门、领导汇报，通知邻站扣车、在站列车通知司机 马上关门动车或进行清客，同时反复进行全站广播安抚乘客	3-3. 及时赶往备品间，领取相关应急备品，并听从值站安排，必要时准备安民告示给保洁员工到出入口张贴	3-4. 坚守岗位，时刻关注事态发展。同时，安抚站内乘客	3-5. 及时赶往备品间，领取相关应急备品，并听从值站安排	3-6. 安抚站内乘客，必要时在出入口张贴安民告示
现场处置	4-1. 视情况做好个人防护，组织人员携带好救火器具，进入区间进行前期灭火	4-2. 加强车站各岗位和OCC的联系，并按OCC要求正确使用隧道风机。同时利用CCTV监控车站情况	4-4. 造成长时间晚点的，组织站务员配发致歉信，通知办理退票业务等工作；紧急时对站内乘客进行疏散引导	4-5. 做好配发致歉信和退票工作；紧急时对站内乘客进行疏散引导	4-3. 做好个人防护，携带好救火器具跟随值站，进入站内区间进行前期灭火	4-6. 安抚乘客，紧急时对乘客进行疏散引导
	4-7. 在现场发现火势不可控时，立即命令行值报110、119、120，OCC准备关闭出入口，指派专人到出入口把控	4-8. 安排保洁人员到紧急出入口迎接120、119、110。按下AFC紧急按利用全站广播引导乘客出站并通过CCTV监控现场乘客疏散情况	4-9. 对乘客进行疏散引导，并对受伤乘客进行救助	4-10. 协助客值对乘客进行疏散引导，并对受伤乘客进行救助	4-11. 协助值站救火，火势不可控时，随时做好撤退准备	4-12. 出入口张贴公告，阻止乘客进站，引导110、119、120进站

续表二

岗位 流程	值班站长	行车值班员	客运值班员	站务员	保安	保洁
现场处置	4-13. 119 到达后进行交接撤退，或火势不可控时组织灭火人员先行撤离，到车站紧急出入口集合	4-14. 向 OCC 汇报火灾情况，紧急时申请关站。等乘客疏散后，与 OCC 留下联系方向，到车站紧急出入口集合	4-15. 当火势已无法控制，乘客疏散完毕后安全撤离，在车站紧急出入口集合	4-16. 当火势已无法控制，乘客疏散完毕后安全撤离，在车站紧急出入口集合，等待救援	4-17. 跟随值站到车站紧急出入口集合	4-18. 到紧急出入口集合
应急终止	5-1. 接到 OCC 恢复正常运营的通知后，马上终止本方案，组织恢复运营	5-2. 接到值班站长通知车站恢复正常后，检查车控室设备设施情况。向 OCC 报告车站运营前准备工作，并向 OCC 了解行车运行恢复情况并报告值班站长。通知各岗位员工，车站恢复正常运营	5-3. 接到值班站长通知车站恢复正常后，检查 AFC 设备、各种服务设备设施是否正常并报车控室、并撤除停止服务的告示，打开出入口，引导乘客进站	5-4. 检查 AFC 设备、各种服务设备设施是否正常并报车控室、并撤除停止服务的告示，打开出入口，引导乘客进站	5-5. 到站台检查屏蔽门、扶梯等设备设施情况和线路情况，并向车控室报告，准备运营服务	5-6. 做好现场清理，恢复工作

在此过程中需注意的事项有：

(1) 站务相关工作人员、专业抢险队开展救援工作，现场指挥需及时了解救援进度，并通过手持台或行车值班员向 OCC 报告。

(2) 火灾应急处理时，现场人员根据需要携带空气呼吸器，穿绝缘鞋、荧光背心，佩戴安全帽、自救式过滤呼吸器等应急物资，确保自身安全。

(3) 非运营时间发生险情，车站无需进行客流疏导，视情况进行抢险救援工作，火势不可控时，引导“119”消防人员进行灭火工作。

七、列车火灾现场处置实施

(1) 当列车发生火灾时，站务员应马上向车控室及值班站长汇报。

(2) 车站应急响应如下：

① 接到火灾通知后，站务员立即启动该方案，准备相应的应急备品。

② 接到区间疏散通知时，配合区间疏散的站务员立即做好准备前往区间。同时，车站工作人员做好引导准备。

(3) 列车火灾现场处置具体如下：列车发生在区间的火灾由站务人员协助电客车司机，安抚好列车上乘客，做好信息上报，必要时组织人员疏导；到站列车发生的火灾由值班站长担任前期现场处置负责人，负责现场处置的指挥协调，组织人员疏导和伤员救助。

列车在区间发生火灾现场处置流程见表5-7，到站列车发生火灾现场处置流程见表5-8。

表5-7 列车在区间发生火灾现场处置流程

岗位 流程	行车值班员	值班站长	客运值班员	站务员	保安、保洁
信息接报	1-1. 接OCC通知区间列车发生火灾，立即报值站、驻站民警，并根据OCC命令报119、120	1-2. 接到值站报告，启动本方案	1-3. 接到启动本方案命令		
前期处置	2-2. 做好应急广播，根据OCC命令，开启区间照明，启动相应的应急模式	2-1. 准备相应应急备品(如对讲机、应急灯、扩音器、荧光衣、800 MHz电台等)做好区间疏散准备	2-3. 锁好票务室，协助值站准备应急备品	2-4. 关闭客服中心，打开边门	2-5. 保安至相应端门处，打开端门后待命。保洁到出入口张贴停止服务告示，阻止乘客进入车站
现场救援	3-2. 接值站通知后，向OCC汇报；接到OCC同意进入轨行区命令后报值站	3-1. 区间疏散准备工作完成，到达相应端门处后，通知行值	3-3. 做好乘客疏散	3-4. 协助客值做好乘客疏散	3-5. 区间另端车站在相应端门处做好监视，防止乘客进入其他区间
	3-8. 做好与OCC、车站各岗位、救援部门之间的信息传递	3-6. 至现场组织乘客向OCC决定的方向疏散	3-9. 在相应端门处做好乘客引导		3-7. 至现场协助值站做好乘客疏散，确认列车上无遗留乘客
	3-12. 申请关站	3-10. 驻站民警、119、120到达后，做好交接及配合救援。必要时申请关站	3-11. 配合民警、119、120做好救援		
	3-14. 播放关站广播	3-13. 接OCC关站 命令，组织员工关站	3-15. 执行关站程序		
应急终止	4-3. 接值站通知，向OCC报区间出清	4-2. 根据OCC命 令，组织员工对相应区间进行巡视，清理乘客遗留物品，确保无遗留人员，区间出清后通知行值	4-1. 对相应区间进行巡视，清理乘客遗留物品，确保无遗留人员，区间出清后通知行值		
	4-6. 向OCC汇报恢复运营	4-4. 接OCC应急解除通知后，通知各岗位终止本方案，准备运营	4-5. 清理现场，恢复设备，撤除防护		

表 5-8　到站列车发生火灾现场处置流程

岗位 流程	行车值班员	值班站长	客运值班员	站务员	保安、保洁
信息接报	1-1. 立即报 OCC、值站、驻站民警、119、120	1-2. 接行值通知后启动本方案	1-3. 接到通知响应应急		
前期处置	2-2. 做好应急广播，报 OCC、119、驻站民警、120，通过 CCTV 加强对报警地点的监视，按压 AFC 紧急按钮。按值站要求申请关站	2-1. 通知各岗位员工执行车站疏散程序并至现场组织灭火，做好乘客疏散。视情况申请关站	2-3. 锁好票务室，准备相应的应急备品，至现场协助值站灭火，疏散乘客	2-4. 关闭客服中心，打开边门，关停站厅层扶梯，确认站厅层电梯无人后将其关闭	2-5. 保安关停站台层扶梯，协助值站灭火。保洁至出入口张贴关站告示，阻止乘客进入车站
现场处置	3-2. 确认相应的火灾模式已启动，如未正常启动，及时报 OCC 并根据 OCC 命令手动开启。并做好与 OCC、车站、救援部门之间的信息传递	3-1. 根据着火地点，合理组织乘客疏散方向。安排专人在紧急出入口迎接 119、120 并引导至现场	3-3. 确认所有闸机已打开，相应的通风排烟模式开启，所有扶梯已关停。协助值班站长做好乘客疏散	3-4. 协助客值做好乘客疏散	3-5. 保安确认站台层电梯无人后将其关闭，做好站台乘客疏散。保洁去紧急出入口迎接 119、120 并引导至现场
	3-8. 播放关站广播，根据值站命令撤离	3-6. 确认事发列车及车站乘客疏散完执行关站		3-7. 协助值站确认乘客疏散完毕	
	3-9. 通知各岗位关站，视情况撤离，与 OCC 留下联系方式	3-10. 关闭其他出入口后，至紧急出入口集合，维持现场秩序			
		3-11. 驻站民警、119、120 到达后，做好交接及配合救援	3-12. 配合民警、119、120 做好救援		
应急终止	4-1. 接 OCC 汇报应急解除，报值站	4-2. 接 OCC 应急解除通知后，通知各岗位终止本方案，撤除防护，清理现场，做好开站准备	4-3. 清理现场，恢复设备，撤除防护		
	4-4. 向 OCC 申请开站	4-5. 根据 OCC 开站命令，开放出入口，恢复运营	4-6. 开启车站各出入口		

(4) 处置过程中的注意事项有：在应急处置过程中，注意做好个人防护；火灾列车需退出服务，相关人员做好准备。

八、正线车站大面积停电现场处置实施

(1) 车站发生正线大面积停电时，站务员马上向车控室、值班站长汇报。

(2) 现场处理事件相关人员应按照上级决策及时安排人员阻止乘客进站、疏散站内乘客和其他人员，协助行调组织行车工作并引导 120 进行排查救援。

正线车站大面积停电现场处置流程见表 5-9。

表 5-9　正线车站大面积停电现场处置流程

岗位 流程	行车值班员	值班站长	客运值班员	站务员	保安
信息接报	1-1. 报 OCC、站长、值站、驻站民警	1-2. 接行值通知，启动本预案	1-3. 接到通知，响应预急		
前期处置	2-2. 确认车控室相关设备(如 HMI、CCTV、广播等)，车站应急照明的运行情况，使用 CCTV 监视现场情况，播放应急广播	2-1. 做好车站巡视，确认紧急照明和导向是否正常使用，在楼梯、扶梯口等照明不佳处做好防护，安排人员在站台站厅维持秩序	2-3. 准备相应的应急备品(如喊话器、应急灯等)，协助值站做好防护，关闭电梯，并确认有无困人	2-4. 收好票款，关闭票亭	2-5. 加强站台安全巡视
现场处置	3-2. 根据值站命令向 OCC 申请关站；接 OCC 同意关站命令后报值站。将现场情况及时向 OCC 汇报	3-1. 15 min 内未恢复正常照明，通知行值向 OCC 申请关站，组织乘客疏散，做好关站准备	3-3. 到站台协助乘客上、下车，做好乘客疏散和关站准备，确保安全	3-4. 打开边门，做好站厅乘客疏散	3-5. 做好站台乘客疏散
	3-7. 播放关站广播，通过 PIS 发布疏散信息	3-6. 根据 OCC 命令通知车站各岗位执行关站程序	3-8. 执行关站程序		
	3-10. 根据值站命令拨打 120	3-9. 如有人员伤亡，安排行值拨打 120	3-11. 配合值站做好乘客救援并安排人员到出入口迎接 120	3-12. 至指定出入口迎接 120 并引导至现场	
应急终止	4-3. 将车站设备恢复情况报 OCC	4-1. 车站供电恢复正常后，接到 OCC 终止预案指令，通知各岗位终止本方案，做好开站准备	4-2. 恢复设备，撤除防护		
	4-5. 向 OCC 申请开站	4-4. 开站准备工作完成后，通知行值	4-6. 开启车站各出入口		
		4-6. 根据 OCC 开站命令，开放出入口，恢复运营	4-7. 开启车站各出入口		

(3) 注意事项。处置过程中需注意：如需“120”急救，车站需安排专人在指定出入口引导“120”急救人员至现场；配合值班站长维持好现场秩序。

专家提示

发生行车事件时，行车值班员要做好逐级上报工作，值班站长作为现场处置的负责人，有权调用车站的工班、委外人员进行配合处置。

任务评价

根据以上学习内容，评价自己对本任务内容的掌握程度，在下表相应空格里打“√”。

评 价 内 容	差	合格	良好	优秀
对列车发生火灾时处置流程的掌握程度				
对大面积停电处置流程的掌握程度				
学习中存在的问题或感悟				

任务三　票务事件(故)类

相关知识

票务事件(故)类主要包括 AFC 系统设备故障、AFC 系统设备能力不足等严重影响城市轨道交通运营的突发事件。

一、AFC 故障或能力不足现场处置

车站员工在 AFC 设备故障或能力不足情况下进行应急处置，需明确车站各岗位职责及处置程序，尽可能地降低对轨道交通运营的影响，减少损失。车站值班站长担任前期现场处置负责人，负责现场处置的指挥协调工作；行车值班员负责车站信息的收集、传达和汇报；客运值班员和站务员根据值班站长安排做好客流引导和售检票工作。

1. AFC 系统故障

AFC 设备故障又分为 AFC 系统部分故障和全部故障。

1) AFC 系统部分故障

(1) 部分自动售票机故障。① 3 台以下(不含 3 台)自动售票机故障，车站报票务部生产

调度，并在故障设备前设置“暂停服务”牌，由票务部生产调度通知 AFC 巡检工班至现场进行维修。② 3 台及以上(不含全部)自动售票机故障。

(2) 部分半自动售票机故障。① 1 台半自动售票机故障，车站报票务部生产调度，并在故障设备前设置“暂停服务”牌，由票务部生产调度通知 AFC 巡检工班至现场进行维修。② 2 台及以上(不含全部)半自动售票机故障。

(3) 部分进站闸机故障。① 3 台以下(不含 3 台)进站闸机故障，车站报票务部生产调度，并在故障设备前设置“暂停服务”牌，由票务部生产调度通知 AFC 巡检工班至现场进行维修。② 3 台及以上(不含全部)进站闸机故障。

(4) 部分出站闸机故障。① 3 台以下(不含 3 台)出站闸机故障，车站报票务部生产调度，并在故障设备前设置“暂停服务”牌，由票务部生产调度通知 AFC 巡检工班至现场进行维修。② 3 台及以上(不含全部)出闸机故障。

2) AFC 系统全部故障

全部故障指自动售票机全部故障、半自动售票机全部故障、进站闸机全部故障、出站闸机全部故障。

2. AFC 系统设备能力不足

车站出现大客流，员工对乘客进行引导并采取措施后，车站的 AFC 系统设备能力仍然不足而导致大客流情况无法缓解。

(1) 自动售票机能力不足。自动售票机能力不足进行应急处置，无需报票务部生产调度。

(2) 进站闸机能力不足。进站闸机能力不足进行应急处置，无需报票务部生产调度。

(3) 出站闸机能力不足。出站闸机能力不足进行应急处置，无需报票务部生产调度。

二、车站清客现场处置

车站清客是指因轨道交通设备故障、自然灾害等造成线路中断，但不危及乘客安全，需停止服务时，车站以最快的速度将乘客转移出车站。

按照事故发生地点，车站清客可分为到站列车清客、站内清客；按照事故发生性质，车站清客可分为设备故障清客、自然灾害清客。

车站清客现场指挥需注意：

(1) 值班站长担任前期现场处置负责人，负责现场处置的指挥协调，组织人员疏散和伤员救助。

(2) 行车值班员负责信息的收集、传达与汇报。

(3) 客运值班员根据值班站长安排，做好人员引导疏散和乘客事务处理，并给站务员配备足够的备用金。

(4) 站务员办理退票和票卡更新及引导乘客出站，需公交接驳的，保安、保洁将乘客引导至公交接驳点。

任务实施

一、AFC 故障或能力不足现场处置实施

发生 AFC 故障或能力不足情况时的信息汇报流程如图 5-3 所示。

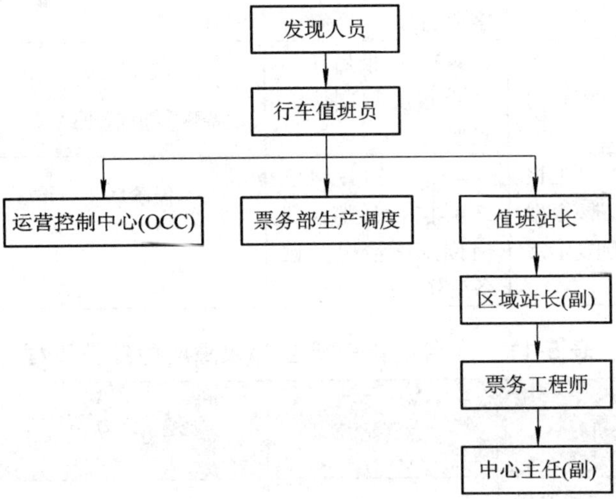

图 5-3　信息流程示意图

车站 AFC 设备故障或能力不足时，车站值班站长、行车值班员、客运值班员、站务员、按照信息接报、前期处置、现场处置、应急终止的步骤，有序进行。自动售票机全部故障应急处置流程见表 5-10。半自动售票机全部故障应急处置流程见表 5-11。进站闸机全部故障应急处置流程见表 5-12。出站闸机全部故障应急处置流程见表 5-13。

表 5-10　自动售票机全部故障应急处置流程

岗位 流程	行车值班员	值班站长	客运值班员	站务员
信息接报	1-1. 接报后报值站、OCC、区域(副)站长，确认故障报票务部生产调度	1-2. 立即至现场了解情况，安排行值、客值做好相关工作		
前期处置	2-2. 播放引导广播，并通过 CCTV 监控客流	2-1. 启动本方案。安排员工组织引导乘客进出站，做好安全防护，通知客值、站务员做好票务工作准备	2-3. 到票务室配预制票、纸票、票款	

续表

岗位 流程	行车值班员	值班站长	客运值班员	站务员
现场处置	3-2. 报OCC预制票、纸票售卖的时间及客流情况	3-1. 经区域站长同意，组织售卖预制票、纸票。做好站厅客流引导	3-3. 做好乘客服务工作，配合值班站长做好乘客引导及防护设置，配合维修	3-4. 售卖预制票、纸票。打开边门检票，引导乘客进站
应急终止	4-3. 向OCC汇报预制票、纸票停止售卖的时间	4-2. 接报后通知停止售卖预制票、纸票	4-1. 检查设备，确认设备恢复报值班站长	4-4. 停止售卖预制票、纸票
	4-7. 向OCC汇报设备恢复正常，根据OCC命令恢复正常服务	4-5. 通知各岗位终止本方案；监控各岗位到岗情况及设备运作情况	4-6. 撤除防护	4-8. 处理票务工作及乘客服务工作

表5-11 半自动售票机全部故障应急处置流程

岗位 流程	行车值班员	值班站长	客运值班员	站务员
信息接报	1-1. 接报后报值班站长、OCC、区域(副)站长，确认故障报票务部生产调度	1-2. 立即至现场了解情况，安排行值做好信息汇报		
前期处置	2-2. 播放引导广播，并通过CCTV监控客流			
现场处置	3-2. 做好与OCC、车站各岗位之间的信息传递	3-1. 安排各岗位工作，做好客流引导及乘客解释工作	3-3 a. 在边门处引导非付费区无法正常进站的持票(含单程票、计次票、市民卡)乘客从边门进站，提醒乘客，至目的车站需到客服中心更新票卡后，方可正常出站； b. 回收付费区无法正常出站的持单程票乘客的单程票，引导其从边门出站； c. 对无法正常出站的持计次卡乘客做好解释，告知乘客本次乘次在下次乘车时到客服中心扣除，引导其从边门出站；	3-4 a. 协助客运值班员引导乘客进出边门； b. 为无票乘客办理补款，填写《乘客事务处理单》，记为正差额； c. 配合设备维修

续表

岗位/流程	行车值班员	值班站长	客运值班员	站务员
现场处置			d. 对持市民卡的乘客做好解释，告知乘客本次车费在下次乘车时到客服中心扣除(非免费乘车的市民卡，按所持车票优惠方式补收最低车程费)，引导其从边门出站； e. 引导无票的乘客到客服中心按规定补款，填写《乘客事务处理单》； f. 对其他按规定需在半自动售票机上发售免费出站票出站的乘客，直接引导其从边门出站	
应急终止	4-2. 向OCC、值站汇报设备恢复正常	4-3. 通知各岗位终止本方案，监控各岗位到岗情况及设备运作情况	4-4. 撤除防护	4-1. 报行值BOM恢复正常

表5-12　进站闸机全部故障应急处置流程

岗位/流程	行车值班员	值班站长	客运值班员	站务员
信息接报	1-1. 接报后报值班站长、OCC、区域(副)站长，确认故障报票务部生产调度	1-2. 立即至现场了解情况，安排行值做好信息汇报		
前期处置	2-2. 播放引导广播，并通过CCTV监控客流	2-1. 启动本方案。安排员工组织引导乘客进站，做好安全防护		
现场处置	3-2. 做好与OCC、车站各岗位之间的信息传递	3-1. 安排各岗位工作，做好客流引导	3-3. 在边门处引导持票(含单程票、计次票、市民卡)乘客从边门进站，做好防护设置。提醒乘客，至目的车站需到客服中心更新票卡后，方可正常出站	3-4 a. 客服中心无乘客事务时，协助客运值班员引导乘客从边门进站； b. 配合设备维修
应急终止	4-2. 向OCC、值班站长汇报设备恢复正常	4-3. 通知各岗位终止本方案，监控各岗位到岗情况及设备运作情况，做好乘客服务	4-4. 撤除防护	4-1. 报行值设备恢复正常

表 5-13　出站闸机全部故障应急处置流程

岗位 流程	行车值班员	值班站长	客运值班员	站务员
信息接报	1-1. 接报后报值班站长、OCC、区域(副)站长，确认故障报票务部生产调度	1-2. 立即至现场了解情况，安排行值做好信息汇报		
前期处置	2-2. 播放引导广播，并通过 CCTV 监控客流	2-1. 启动本方案。安排员工组织引导乘客出站，做好安全防护		
现场处置	3-2. 做好与 OCC、车站各岗位之间的信息传递	3-1. 安排各岗位工作，做好客流引导	3-3 a. 在边门处做好防护设置； b. 回收持单程票乘客的单程票，引导其从边门出站； c. 对无法正常出站的持计次卡乘客做好解释，告知乘客本次乘次在下次乘车时到客服中心扣除，引导其从边门出站； d. 对持市民卡的乘客做好解释，告知乘客本次车费在下次乘车时到客服中心扣除(非免费乘车的市民卡，按所持车票优惠方式补收最低车程费)，引导其从边门出站； e. 引导无票的乘客到客服中心按规定补票	3-4 a. 客服中心无乘客事务时，协助客运值班员引导乘客从边门出站； b. 配合设备维修
应急终止	4-2. 向 OCC、值班站长汇报设备恢复正常	4-3. 通知各岗位终止本方案，监控各岗位到岗情况及设备运作情况，做好乘客服务	4-4. 撤除防护	4-1. 报行值设备恢复正常

现场处置过程中的注意事项如下：

(1) 客运值班员及站务员确保票务安全。

(2) 大面积 AFC 故障需售卖预制票或纸票时，优先选择售卖预制票，预制票不足时，售卖纸票。

(3) 特殊情况下，视情况优先售卖纸票，如甲站 AFC 故障需售卖预制票或纸票，此时已接行调通知乙站出站闸机全部故障，可优先售卖纸票。

(4) 售卖纸票时，控制中心通知各站，相关车站做好乘客检票准备工作，若持纸票乘客超程，则按单程票计费方式补收超程费，原纸票回收，BOM 处发售付费出站票。

二、车站清客现场处置实施

当车站需要清客时，站务员应按照上级决策及时安排人员阻止乘客进站、疏散站内、列车上乘客和其他人员，安抚乘客，协助组织好行车工作。车站清客现场处置流程见表 5-14。

表 5-14　车站清客现场处置流程

岗位 程序	值班站长	行车值班员	客运值班员	站务员	保安、保洁
信息接报	1-2. 启动本方案，准备相应应急备品	1-1. 接 OCC 清客命令，报值班站长、站长、中心质量安全工程师、中心主任(副)			
前期处置	2-2. 组织车站员工对车站乘客进行清客，并做好退票工作。通知保安到现场维持秩序	2-1. 播放车站停止服务，执行清客程序的广播。根据值站命令，执行相应应急模式	2-3. 协助值站准备应急备品。根据需要为售票员配备零钞	2-4. 安抚乘客	
现场处置	3-5. 待乘客全部出站后，检查站厅、站台、电梯等区域是否有滞留乘客，确定清客完毕后关闭出入口	3-1. 做好与 OCC、车站各岗位、救援部门之间的信息传递。通过 PIS 发布车站停止服务信息	3-2. 引导乘客办理退票或直接出站。需启动公交接驳时，组织乘客乘坐接驳车	3-3. 打开边门，引导乘客从边门出站。做好退票工作	3-4. 维持清客秩序，提醒乘客依次离开车站，不要拥挤
	3-7. 如果发生乘客伤亡，安排车站人员到紧急出入口引导救护人员	3-8. 视情况按值站要求报 120		3-6. 启动公交接驳时，至车站的公交接驳点组织乘客乘坐接驳车	
应急终止	4-2. 将情况向站长汇报，并做好详细记录	4-1. 向 OCC 报车站清客完毕。关站后，执行节电照明模式	4-3. 统计退票数量，并将回收单程票封好上交票务室		

现场处置过程中的注意事项如下：

(1) 车站清客，要耐心做好乘客解释工作，避免产生冲突。

(2) 清客时，应及时告知乘客有关退票注意事项，并做好乘客退票的准备工作。

(3) 车站工作人员应仔细确认车站没有乘客滞留后才能关闭车站。

专家提示

出站闸机全部故障的情况，需要告知持市民卡的乘客本次车费在下一次乘车时到客服中心扣除(按所持车票优惠方式补收最低车程费)或免费更新。

任务评价

根据以上学习内容，评价自己对本任务内容的掌握程度，在下表相应空格里打“√”。

评价内容	差	合格	良好	优秀
对自动/半自动售检票系统故障表现及处理情况的掌握程度				
对车站清客流程的掌握程度				
学习中存在的问题或感悟				

任务四　社会安全事件(故)类

相关知识

社会安全事件(故)主要包括重大刑事案件、恐怖袭击以及在城市轨道交通车站内发生聚众闹事、爆炸、劫持人质等严重影响城市轨道交通运营安全的突发事件。

一、职工人身伤亡现场处置

发生职工伤亡事故时，车站需及时处理，积极采取措施，减缓伤亡事故的事态发展，尽可能地降低对轨道交通运营的影响，减少损失。

1. 定义

(1) 职工伤亡事故：企业职工在生产劳动过程中，发生的人身伤害和急性中毒，即职工在本岗位劳动，或虽不在本岗位劳动，但由于分公司的设备和设施不安全、劳动条件和作业环境不良、管理不善，以及受分公司指派到分公司外从事本公司活动，所发生的人身伤害(即轻伤、重伤、死亡)和急性中毒事故。

(2) 损失工作日：被伤害者失能的工作时间。

(3) 轻伤：损失工作日低于105日的失能伤害。

(4) 重伤：相当于标定损失工作日等于和超过 105 日的失能伤害。

(5) 急性中毒事故：指职工一次或短期内摄入大量生产性毒物，使人体在短时间内发生病变，导致职工立即中断工作，并需进行急救或死亡的事故。

(6) 职业病：指企业的劳动者在职业活动中因接触粉尘、放射性物质和其他有毒、有害物质等因素而引起的疾病。一般来说，符合国家法律规定的疾病才能称为职业病。

2．事件特征分析

(1) 轻伤事故：只有轻伤的事故。

(2) 重伤事故：有重伤无死亡的事故。

(3) 死亡事故：① 重大伤亡事故，指一次死亡 1～2 人的事故；② 特大伤亡事故，指一次死亡 3 人以上(含 3 人)的事故。

3．现场救援指挥

站务员根据值班站长安排，配合值班站长、客运值班员进行现场救援。

二、车站接到炸弹恐吓现场处置

接到炸弹恐吓时，车站应以最快速度疏散乘客和车站工作人员，保护乘客和车站工作人员的人身安全。同时，车站还应能有效控制和消除威胁，最大可能地减少事件对整个轨道交通运营的干扰和影响，将损失降低到最低限度。

这里的恐吓指以要挟的话或手段威胁人。

处置期间，站务员根据值班站长安排，配合值班站长、客运值班员进行人员疏散。

三、车站突发治安事件现场处置

车站在发生突发治安事件时应进行应急处置，明确各岗位职责及处置程序，尽可能地降低其对轨道交通运营的影响，减少损失。

车站治安事件指群体或个人为了满足特殊需要或者达到特殊目的，在车站范围内，通过实施违法犯罪或采取不正当手段，导致或促使事态加剧、扩大，从而扰乱、破坏治安秩序的行为，包括打架斗殴、聚众闹事、非法集会、劫持人质等对车站运营产生一定影响的治安事件。其特征主要有：群体的聚集性、公开的对抗性、危害多样性和多重性。治安事件发生后，不仅会造成车站设备设施损失、破坏车站生产、扰乱员工工作秩序等，还可造成非物质性的、间接的乃至潜在的、长远的危害。

处置期间，站务员根据值班站长安排，配合值班站长、客运值班员进行人员疏散。

四、车站发现可疑物品现场处置

车站发现可疑物品时，各岗位能够明确分工，各履其职，把对乘客的影响和伤害降到最小。这里的可疑物品指无人看管而且无人认领，从外观看具备一定潜在危险的物品。此时站务员根据值班站长安排，配合值班站长、客运值班员进行人员疏散。

五、车站发现可疑人员现场处置

车站在发现可疑人员时，应进行应急处置，确保设备、人员及列车的运营安全，尽量避免或减少人员伤亡和财产损失。

可疑人员范围包括：

(1) 符合警方通报特征的人物。

(2) 在车站逗留时间较长或多次到同一地点观察，且有异常表现的乘客。

(3) 乘客反映的可疑人物。

(4) 行为诡异，见工作人员即躲避和离开的乘客。

(5) 携带可疑或违禁物品人员等。

站务员应根据值班站长安排，配合值班站长、客运值班员进行人员疏散。

六、公交接驳现场处置

轨道交通发生应急情况时启动公交接驳，能够高效有序地组织好乘客疏散，减少应急情况对运营服务的影响，最大限度地为乘客提供服务。

公交接驳即使用城市范围内定线运营的公共汽车实现无缝连接，让乘客在轨道交通车站换乘公共汽车。按照轨道交通故障区段和中断的时间可以将公交接驳分为以下几种情况：

(1) 在轨道交通同一区段双向行车可能中断 30 min 及其以上时。

(2) 在轨道交通某一区段单向行车可能中断 40 min，而且部分区间采用单线双向行车，单向行车间隔 20 min 以上时。

(3) 在轨道交通发生大面积故障导致某一区段双向行车可能晚点 40 min 以上时。

处置时，站务员根据值班站长安排，配合值班站长、客运值班员进行人员疏导。

七、车站乘客疏散现场处置

对车站紧急疏散乘客时进行现场处置，可最大限度地减少事故对整个轨道交通运营的干扰和影响，将事故损失降低到最低。

疏散指将车站内乘客从非安全区域安全引导至安全区域。

按照事故发生地点车站乘客疏散可分为站台疏散、站厅疏散、局部疏散等，按照事故发生性质则可分为消防安全疏散、列车故障疏散、治安事件疏散等。

站务员根据值班站长安排，配合值班站长、客运值班员进行人员疏散。

八、区间乘客紧急疏散现场处置

对区间紧急疏散乘客进行现场处置，可最大限度地减少事故对整个轨道交通运营的干扰和影响，将事故损失降低到最低。

区间乘客疏散，按照事故发生地点可分为列车疏散、区间疏散等，按照事故发生性质则可分为消防安全疏散、列车故障疏散等。

站务员根据值班站长安排，配合值班站长、客运值班员进行人员疏散。

九、车站、区间水淹时现场处置

应对车站、区间水淹事件时，车站应保障轨道交通运营安全，最大限度地减少水淹事件对行车、设备所造成的影响及损失。

车站、区间水淹指由于排水设施故障、区间消防管道及车站给水管道破裂等原因造成车站、区间大量积水。其按照事故发生地点可分为车站水淹、区间水淹。其中，区间水淹事件分为重大级、较大级、一般级。

(1) 重大级：当积水漫过轨面时，该区段不得通过列车，行车中断。

(2) 较大级：当积水浸到轨腰时，原则上该区段不得通过列车，必须通过时，应限速 15 km/h 运行。

(3) 一般级：当积水浸到道床时，该区段列车限速 25 km/h 运行。

任务实施

一、职工人身伤亡现场处置实施

站务中心人员发生人身伤亡时，站务员应配合值班站长做好前期的应急救援，保护好事发现场。非站务中心人员发生人身伤亡时，站务员了解到车站发生职工人身伤亡时，及时通知值班站长，由值班站长进行现场指挥并根据具体情形拨打 120，并做好前期的应急救援，保护好事发现场。职工人身伤亡现场处置流程见表 5-15。

表 5-15　职工人身伤亡现场处置流程

岗位 程序	行车值班员	值班站长	客运值班员	站务员	保安
信息接报	1-1. 车站发现后立即报 OCC、值站、驻站民警、站长	1-2. 立即至现场了解情况，视情况启动本方案	1-3. 接到启动现场处置方案的命令		
前期处置	2-2. 使用 CCTV 加强现场监控，随时通报情况	2-1. 立即通知人员携带担架、急救药品、相机等赶赴现场。同时，派人到出口处引导急救人员进场施救	2-3. 接到命令立即携带相应的应急备品(如客值伤亡，由值站另行指定)至现场。同时协助值站拍摄足以反映事件情况的现场照片	2-5. 加强钱、票保管	2-4. 按值站命令到出入口引导救援 人员进站

续表

岗位 程序	行车值班员	值班站长	客运值班员	站务员	保安
现场救援	3-2. 做好与OCC、车站各岗位之间的信息传递，实时监视现场情况，播放相应的应急广播，根据值站命令拨打120	3-1. 维持现场秩序，劝阻围观乘客，民警到达后，与民警做好交接，配合做好车站安全防护，做好隔离。如有人员伤亡，安排行值拨打 120，并对受伤乘客进行现场急救	3-3. 设置隔离带，保护好现场，疏散围观乘客，协助寻找两名目击证人，记录证人有关资料，以便协助调查	3-5. 在客流允许的情况下维护站厅秩序	3-4. 引导救援人员进站协助值站维持现场秩序，保护现场
	3-7. 及时将民警、120 处理情况向OCC汇报	3-6. 协助急救人员或自行组织(非本部门组织抢救时，为配合)将受伤人员送往医院	3-8. 配合民警，设置防护，维持现场秩序，救助伤员	3-9. 在客流允许的情况下维护站厅秩序	3-10. 维护乘客秩序
应急终止	4-5. 向OCC汇报应急解除	4-1. 确认现场处置完毕，通知各岗位 终止本方案	4-2. 协助值站，撤除防护	4-3. 协助值站，撤除防护	4-4. 协助值站，撤除防护

职工人身伤亡现场处置程序为：

(1) 根据值班站长的安排，站务员到事故现场立即组织抢救伤员，采取可靠措施防止次生灾害事件发生，初步判断伤亡情况，做好现场保护及取证工作。

(2) 站务员及其他人员应配合值班站长做好现场乘客引导，避免拥挤，做好简单保护措施后先将伤亡职工转移到办公区域，做好现场保护，等候“120”人员的到来。

职工人身伤亡现场处置的注意事项为：

(1) 如果伤员受伤程度不严重，神志清醒，可自己行走或能在他人搀扶下行走的，应在他人陪同下立即前往就近医院治疗。

(2) 在医护人员到场前，如果现场有懂得相关急救知识的人员，可进行急救处理。头部损伤，大腿、小腿、骨盆骨折或背部受伤的伤员绝对不能坐着运送。

(3) 如果伤员胸部受挤压伤、脊椎骨折时，严禁在医护人员到场固定前搬运伤员。

(4) 对于中毒、烧伤等事件，应根据事件特点进行处理。对于中毒事件，应立即将中毒患者转移到新鲜空气处，同时应尽快控制毒物扩散。对于烧伤事件，应立即使伤员脱离烧伤现场，如解除呼吸梗阻，保护创面不再受污染或损伤，并尽快消除热源。

(5) 抢救伤员或恢复生产必须移动物件时，应做好标志，采取摄像、摄影、绘图等方法记录事件现场原貌，妥善保存重要痕迹、物证等。

(6) 隔离现场，无关人员禁止进入。

二、车站接到炸弹恐吓现场处置实施

当车站接到炸弹恐吓时，站务员马上向车控室、值班站长汇报。同时，根据值班站长的安排及时阻止乘客进站，疏散站内乘客和其他人员，协助行调组织行车工作并引导公安、消防部门等进行排查处理。车站接到炸弹恐吓现场处置流程见表 5-16。

表 5-16 车站接到炸弹恐吓现场处置流程

<table>
<tr><th>岗位
程序</th><th>行车值班员</th><th>值班站长</th><th>客运值班员</th><th>站务员</th><th>保安、保洁</th></tr>
<tr><td>信息接报</td><td>1-1. 接到炸弹恐吓电话，应做好详细记录，立即报告值班站长、OCC、驻站民警</td><td>1-2. 接到报告后立即赶赴车控室，了解情况后，启动本预案。报中心质量安全工程师、站长、中心主任(副)</td><td colspan="3">1-3. 接到命令，执行本预案</td></tr>
<tr><td>前期处置</td><td>2-5. 加强与值站、OCC 的联系，及时汇报现场进展情况。视情况报 110、120、119</td><td>2-1. 组织车站员工在保障人身安全的前提下，进行不公开的搜索，安排人员把守所有面向公共区的通道门，搜索过程中避免引起乘客恐慌</td><td>2-2. 在保障人身安全的前提下，进行不公开的搜索</td><td>2-3. 立即锁好票箱和票亭门，协助值站进行不公开的搜索</td><td>2-4. 保安维护好车站内秩序；保洁到车控室拿告示，到出入口张贴，拦阻乘客进站</td></tr>
<tr><td rowspan="3">现场救援</td><td>3-3. 加强与值站、OCC 的联系，及时汇报现场进展情况</td><td>3-1. 根据恐吓具体情况，组织人员对全部进站人员携带的包裹进行开包检查；负责与警方联系，并尽量配合其行动</td><td colspan="3">3-2. 按值站指令，对进站人员携带的包裹进行开包检查</td></tr>
<tr><td>3-5. 发现可疑物品或接到值站命令后，立即向行调报告。同时按车站疏散程序执行。对已停站列车，通知司机关门动车</td><td>3-4. 发现可疑物品，立即命令行值向行调报告；立即停止车站服务，隔离相关区域，组织乘客疏散。已有列车停站时，立即安排人员通知司机关门动车。命令工作人员在隔离区域内，关闭无线对讲机、手机等无线通信设备，禁止使用电气设备，并关注附近是否有可疑人物</td><td>3-6. 隔离相关区域并在隔离区域内，关闭无线对讲机、手机等无线通信设备，禁止使用电气设备，关注附近是否有可疑人物，疏散围观乘客</td><td>3-7.确认闸机全部开启</td><td>3-8. 隔离相关区域并在隔离区域内，关闭无线对讲机、手机等无线通信设备，禁止使用电气设备，关注附近是否有可疑人物，疏散围观乘客</td></tr>
<tr><td>3-12. 接到撤离通知时，须与 OCC 留下 2 个以上联系方式</td><td>3-9. 乘客疏散完毕后组织车站人员(站务人员、驻站维修人员、保安人员、保洁人员、商铺人员等)撤离车站</td><td>3-10. 接到疏散指令后，组织乘客疏散出站，关闭出入口并张贴告示，到紧急出入口集合</td><td colspan="2">3-11. 疏散完毕后，关闭出入口并张贴告示，到紧急出入口集合</td></tr>
<tr><td>应急终止</td><td>4-1. 接 OCC 应急解除命令后，通知值站</td><td>4-2. 接行值通知后，命令车站各岗位应急解除，检查设备设施，准备恢复运营</td><td colspan="2">4-3. 接值站通知后，检查设备设施，准备恢复运营</td><td>4-4. 打开出入口，撤除停止服务的告示，恢复运营</td></tr>
</table>

处置过程中的注意事项为：

(1) 疏散人员时要做好安抚工作，防止踩踏事故发生。

(2) 必要时车站工作人员按上级指示撤离工作场所。

三、车站突发治安事件现场处置实施

站务员发现车站范围内突发治安事件时，立即通知值班站长、车控室。同时，站务员在现场处置时应注意：

(1) 配合值班站长了解情况，稳定当事人情绪；民警到达前，隔离事发区域，疏散围观乘客，维持现场秩序。

(2) 若事态严重，配合值班站长接到关站和紧急疏散指令后，组织车站人员做好关站准备，将乘客紧急疏散。

车站突发治安事件现场处置流程见表 5-17。

表 5-17　车站突发治安事件现场处置流程

岗位 程序	行车值班员	值班站长	客运值班员	站务员	保安	保洁
信息接报	1-2. 接报后立即报 OCC、驻站民警、值站、站长、安全质量工程师、中心主任(副)	1-3. 接到通知后，立即赶赴现场了解情况	1-1. 发现突发治安事件后立即报行值			
前期处置	2-6. 使用 CCTV 调看现场情况。听从值站命令，向 OCC 请求关站	2-1. 启动本方案，稳定当事人情绪，组织人员疏散周边围观乘客，隔离事发区域，引导乘客从未受影响出入口、电扶梯、闸机进出车站；若事态严重，通知行值向 OCC 请求关站	2-2. 协助值站，疏散围观乘客，隔离事发区域	2-3. 加强钱、票款的保管。若事态严重，收好票款，锁好票盒，关闭客服中心，打开边门，做好站厅乘客疏导	2-4. 协助值站，疏散围观乘客	2-5. 协助疏导乘客，维持秩序
	2-9. 及时将民警处理情况向 OCC 汇报，根据值站命令报 120	2-7. 民警到达后，与民警做好交接，配合做好车站安全防护和解救工作。如有人员伤亡，安排行值拨打 120，并对受伤乘客进行现场急救	2-8. 配合民警做好车站安全防护			
现场救援	3-6. 做好与OCC、车站各岗位、救援部门之间的信息传递，实时监视现场情况	3-1. 若 OCC 通知关站，根据 OCC 命令组织人员关站和紧急疏散	3-2. 接到关站和紧急疏散指令后，组织人员疏散	3-3. 协助疏散围观乘客，维持现场秩序，隔离事发区域，组织站厅乘客紧急疏散	3-4. 疏散站台乘客。其余人员听从客值安排，完成后至紧急疏散口，协助客值处理，迎接 120 等部门	3-5. 听从客值安排，携带关站告示，至出入口张贴关站告示，阻止乘客进入车站

续表

岗位 程序	行车值班员	值班站长	客运值班员	站务员	保安	保洁
应急终止	4-2. 向 OCC 汇报应急解除	4-1. 接 OCC 应急解除通知后，通知各岗位终止本方案，做好开站准备	4-3. 协助值站撤除防护			
	4-5. 向 OCC 申请开站	4-4. 开站准备工作完成后，通知行值				
		4-6. 根据 OCC 开站命令，开放出入口，恢复运营	4-7. 开启车站各出入口，撤除告示			

处置过程中的注意事项为：

(1) 在处理突发治安事件的过程中，首先应保证人身安全。如发生人员伤亡情况应及时拨打 120，同时做好现场急救。

(2) 值班站长通知车站关站需要组织乘客疏散时，车站应组织乘客从远离事发现场的通道口进行疏散；疏散时，注意不要慌乱，有序进行。

四、车站发现可疑物品现场处置实施

当车站发现可疑物品时，站务员马上向车控室、值班站长汇报。同时，站务员应按照上级决策及时安排人员阻止乘客进站、疏散站内乘客和其他工作人员，协调行调组织行车工作并引导公安、消防部门等进行排查处理。车站发现可疑物品时现场处置流程见表 5-18。

表 5-18 车站发现可疑物品时现场处置流程

岗位 程序	行车值班员	值班站长	客运值班员	站务员	保安、保洁
信息接报	1-1. 接到发现可疑物品报告或发现可疑物品时，立即报 OCC、驻站民警、值班站长	1-2. 接到报告后，立即至现场了解情况，安排行值做好信息汇报。启动本预案。报中心质量安全工程师、站长、中心主任(副)	1-3. 接到命令执行本预案		
前期处置	2-2. 通过 CCTV 监视可疑物品，加强与值班站长沟通	2-1. 安排员工隔离可疑物品，做好安全防护，疏散围观乘客。视情况，封闭局部车站，做好客流引导	2-3. 使用警戒绳设置隔离区，疏散围观乘客	2-4. 协助客值设置隔离区，疏散围观乘客	2-5. 疏散站台乘客

续表

岗位 程序	行车值班员	值班站长	客运值班员	站务员	保安、保洁
现场处置	3-2. 做好与OCC、车站各岗位、民警之间的信息传递，及时将民警处理情况向OCC汇报	3-1. 民警到达后，与民警做好交接，配合民警做好车站安全防护	3-3. 配合民警做好车站安全防护		
	3-5. 向OCC申请关站。播放关站广播，按值站命令报110、119、120	3-4. 视情况申请关站，通知各岗位做好关站准备。视情况报110、119、120	3-6. 手持广播做好客流引导	3-7. 收好票款，关闭票亭，打开边门，疏散站厅乘客	3-8. 保洁到车控室拿关站告示，到出入口张贴。保安做好客流引导
	3-11. 接到撤离通知时，须与OCC留下2个以上联系方式	3-9. 乘客疏散完毕后组织车站人员(站务人员、驻站维修人员、保安人员、商铺人员等)撤离车站	3-10. 按值站命令关闭出入口，到紧急出入口集合		
应急终止	4-1. 接OCC应急解除命令后，通知值站	4-2. 接行值通知后，命令车站各岗位应急解除，检查设备设施准备恢复运营	4-3. 接值站通知后，检查设备设施，准备恢复运营	4-4. 协助客值恢复设备、撤除防护	
	4-6. 向OCC汇报开站准备工作完成，可以运营	4-5. 开站准备工作完成后，通知行值			
		4-7. 根据OCC命令，开放出入口，恢复运营	4-8. 开启车站各出入口，撤除告示		

处置过程中的注意事项为：

(1) 车站员工发现无人看管物品后，通过询问周围乘客，播放失物广播，确认是否为乘客遗失物；当判断为可疑物品时，立即向车控室报告，车控室通知值班站长。

(2) 如可疑物品位于滑动门处，应立即将该扇滑动门关闭隔离，张贴故障贴纸并设置隔离区，专人防护，引导乘客从其他位置上下车。

(3) 如可疑物品位于扶梯处，应立即关闭扶梯，并在扶梯口处设置隔离区，安排专人防护，做好乘客引导。

(4) 如在电梯处发现可疑物品，应立即关闭电梯并在各层电梯门处设置隔离区，安排专人防护，做好乘客引导。

(5) 如可疑物品位于站台并影响一侧或整个站台服务，应立即报车控室，并做好乘客的解释工作。

(6) 设置隔离区时，应确保乘客无法直接接触到可疑物品。

五、车站发现可疑人员现场处置实施

当车站发现可疑人员时，站务员立刻向值班站长、车控室汇报，并按值班站长要求按照职责做好相关工作。车站发现可疑人员现场处置流程见表5-19。

表5-19　车站发现可疑人员现场处置流程

程序＼岗位	行车值班员	值班站长	客运值班员	站务员	保安
信息接报	1-2. 接到发现可疑人员信息，立即报值班站长、站长、驻站民警、视情况报OCC	1-3. 车站发现可疑人员时，接到报告后启动本方案，在保证安全前提条件下，派人暗地跟踪并密切留意可疑人员		1-1. 发现可疑人员，立即报行值	
前期处置	2-4. 通过CCTV监视可疑人员情况，加强与值班站长沟通	2-1. 跟踪人员可根据可疑人员行为决定是否不再继续 跟踪，原则上直至跟踪可疑人员离开车站范围10 m以外	2-2. 接到值站的指令暗地跟踪并密切留意可疑人员是否还有同伴或其他可疑人员		2-3. 接到值站的指令暗地跟踪并密切留意可疑人员是否还有同伴或其他可疑人员
现场救援	3-2. 及时向行调报告事件处理进展情况	3-1. 可疑人员上车，来不及安排人员跟车时，须立即向OCC、前方站报告，并将可疑人员去向及时报告OCC。要求各岗位员工密切留意是否还有其他可疑人员	3-3. 及时反馈信息		
	3-8. 视情况撤离，与OCC留下联系方式	3-4. 发现可疑人员有违法行为时，视情况采取疏散周边乘客或车站疏散	3-5. 接到疏散指令后，组织乘客疏散出站。疏散完毕到紧急出入口集合	3-6. 接到疏散指令后，立即锁好票箱和票亭门，组织站厅乘客疏散到紧急出入口集合。疏散完毕后，关闭出入口并张贴告示	3-7. 疏散完毕到紧急出入口集合
应急终止	4-4. 向OCC汇报应急解除	4-1. 接OCC或民警应急解除后，通知各岗位终止本方案，做好开站准备	4-2. 恢复设备，撤除防护，检查设备	4-3. 协助客值恢复设备、撤除防护	
		4-5.开站准备工作完成后，通知行值			
		4-6. 根据OCC开站命令，开放出入口，恢复运营	4-7. 开启车站各出入口，撤除告示		

处置过程中的注意事项为：

(1) 车站发现可疑人员时，安排人员暗地跟踪，可疑人员离开车站范围 10 m 外，跟踪人员可根据其行为不再继续跟踪。可疑人员上车，来不及安排人员跟车时，须立即向行调、前方站报告，各车站确认结果须及时报告 OCC。

(2) 发现或接到列车上发现可疑人员时，立即向值班站长报告。

六、公交接驳现场处置实施

(1) OCC 通知车站实施公交接驳方案，值班站长接到启动《公交接驳现场处置方案》通知后车站启动应急响应程序。图 5-4 所示为公交接驳车站示意图。

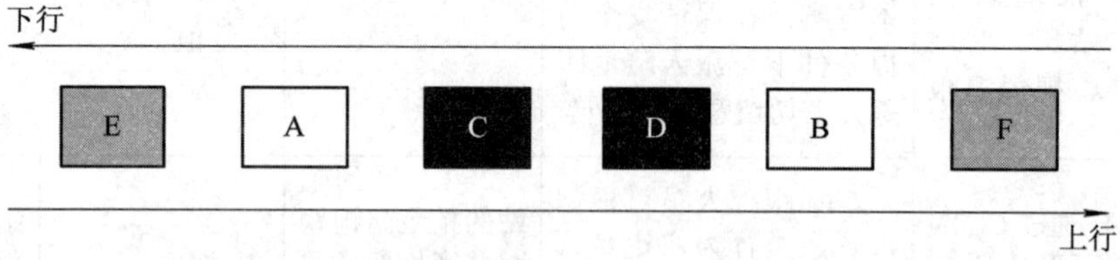

C，D—停运区段车站；A，B—公交接驳两端站；E，F—正常运营车站

图 5-4　公交接驳车站示意图

(2) 停运区段各车站以及停运区段两端站公交接驳信息报告流程如图 5-5 所示。

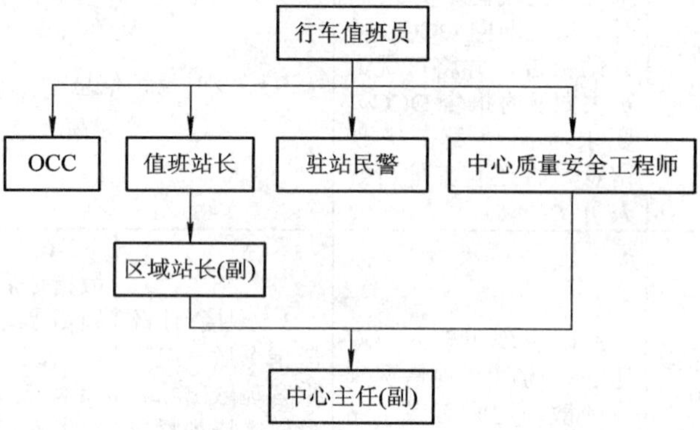

图 5-5　停运区段和停运区段两端车站公交接驳信息报告流程图

(3) 正常运营车站(除停运区段两端车站外)公交接驳信息报告流程如图 5-6 所示。

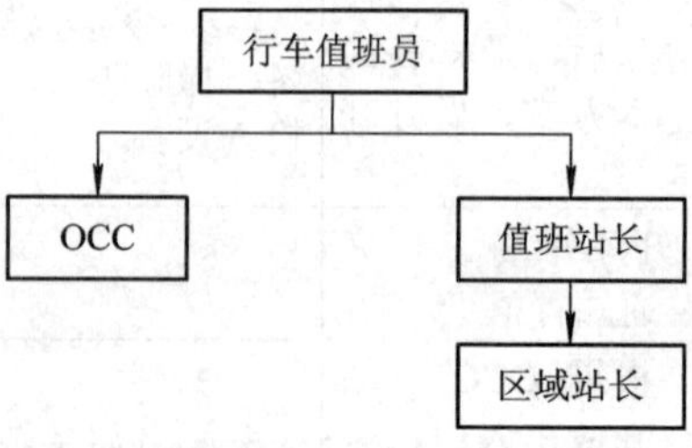

图 5-6　正常运营车站(除停运区段两端车站外)公交接驳信息报告流程图

(4) 停运区段各站和停运区段的两端站由值班站长担任现场处置负责人，一是组织车站工作人员做好站厅、站台、停运列车、清客疏导工作；二是组织好前往非停运区段的乘客乘车工作和乘客票务工作，同时通过车站广播做好乘客解释和安抚。

正常运营车站(除停运区段两端车站外)播放停运区段各站列车服务，请乘客改乘其他交通工具的广播。同时，在TVM上张贴停止购买停运区段各站车票的公示，做好乘客退票、更新车票等工作。

停运区段和停运区段两端站应急处置流程见表5-20。

表5-20 停运区段和停运区段两端站应急处置流程

岗位 程序	值班站长	行车值班员	客运值班员	站务员	保安	保洁
信息接报	1-1. 视车站情况命令行值OCC，按OCC命令启动本预案并向站务中心主任(副)汇报，通知车站各岗位	1-2. 接到值站命令后立刻向OCC汇报，启动本预案后报驻站民警、中心服务工程师，并通知车站各岗位做好客流组织准备工作	1-3. 接到启动预案命令，做好客流组织准备工作	1-4. 接到启动预案命令，做好客流组织准备工作		
前期处置	2-1. 赶往备品库领取相关备品，组织车站工作人员安抚、疏导乘客，判断客流是否可控，是否需要支援。必要时命令行值报120和做好关站准备。安排车站工作人员到指定地点设置临时公交接驳点	2-2. 通过广播安抚乘客，加强与OCC、值站、各岗位间联系，及时进行信息沟通。必要时按值站要求报120，准备好关站告示。配合行调做好行车工作	2-3. 及时赶往车控室，在SC上停止TVM和AGM服务，为售票员配备足够的备用金。领取相关备品，准备组织客流	2-4. 做好退票工作，安抚乘客，或疏导乘客前往公交接驳点上车	2-5. 维护好车站秩序，防止乘客踩踏事件发生。疏导乘客去公交接驳点上车	2-6. 及时赶往车控室领取备品和关站告示，听从车站安排
现场处置	3-1. 组织现场客流，如发现乘客受伤立即救助。引导乘客去公交接驳点等候公交接驳车。派人关闭相应的非接驳点出入口	3-2. 发布应急广播，指引乘客到相应出入口搭乘免费应急公交接驳车；通过CCTV监视站台、站厅、出入口情况，有问题及时汇报和处理	3-3. 在应急公交接驳的始/终点站与公交车司机填写接驳车数量确认表。对于首次到达的公交车，需配合司机在车头放置轨道交通应急公交接驳车标志牌，给司机“轨道交通应急公交接驳路线图”	3-4. 边门处设置告示牌，做好乘客引导和解释。指引乘客去出入口外的轨道交通应急公交接驳点乘车	3-5. 维护好车站秩序，对列车、车站内的乘客进行疏导，指引乘客去出入口外的轨道交通应急公交接驳点乘车	3-6. 关闭相应的非接驳点出入口，向乘客做好宣传解释工作(公交接驳两端站不执行关站程序)

续表

岗位 程序	值班站长	行车值班员	客运值班员	站务员	保安	保洁
现场处置	3-7. 等所有乘客疏散完毕后安排专人关闭接驳点出入口	3-10. 需应急公交接驳的乘客全部疏散完毕后立即报OCC	3-8. 整理与公交车司机办理的有关手续，统计好应急公交接驳车数；需应急公交接驳的乘客全部疏散完毕后，报车控室			3-9. 所有乘客疏散完毕后安排专人关闭接驳点出入口
应急终止	4-1. 接OCC通知应急终止后，安排撤除临时公交接驳点及相应告示，开放出入口，提醒车控室开启AFC设备，播放恢复运营服务的广播	4-2. 开启AFC设备，播放恢复运营服务的广播，重新投入运营服务	4-3. 撤除有关告示，开放出入口	4-4. 应急完毕，听现场指挥安排协助做好现场恢复工作		

(5) 注意事项：做好安抚工作，防止踩踏事故发生。

七、车站乘客紧急疏散现场处置实施

当车站需要紧急疏散乘客时，站务员马上向车控室、值班站长汇报，并按照上级决策及时安排人员阻止乘客进站、疏散站内乘客和其他人员，协助行调组织行车工作并引导“110”“119”“120”以及环保组织部门等进行排查救援。车站乘客紧急疏散现场处置流程见表5-21。

表5-21 车站乘客紧急疏散现场处置流程

岗位 程序	行车值班员	值班站长	客运值班员	站务员	保安、保洁
信息接报	1-2. 接到紧急情况报告后，马上通知值班站长到现场，并及时做好站台广播安抚乘客，加强CCTV监控。接到值班站长宣布执行乘客疏散应急处理程序后，马上利用全站广播通知各部门、各岗位疏散	1-3. 接到报告后迅速赶到现场并做出判断。宣布执行本方案，担任事故处理主任	1-4. 接到执行乘客疏散应急处理程序后，赶到车控室	1-5. 接到执行乘客疏散应急处理程序后，收好票款和车票，锁好票亭	1-1. 发现紧急情况，马上报告车控室

续表

岗位 程序	行车值班员	值班站长	客运值班员	站务员	保安、保洁
前期处置	2-2. 根据值班站长命令按压 AFC 紧急释放按钮，同时反复进行全站广播指引乘客出站，根据情况报 110、119、120 及 OCC 并向相关上级部门、领导汇报，通知邻站扣车，在站列车通知司机马上关门动车并请求人员支援	2-1. 视情况做好个人防护后到现场指挥处理，组织车站紧急疏散，加强与车控室、OCC 的联系	2-3. 确认 SC 上已设为紧急模式；准备安民告示并安排保洁员在出入口张贴	2-4. 打开闸机扇门和边门，将下行方向扶梯全部关停，指引和疏散乘客出站	2-5. 接到执行乘客疏散应急处理程序后，做好防护，疏散周围的乘客
现场救援	3-5. 安排保洁人员到紧急出入口迎接 110、119、120	3-1. 迅速组织人员疏散乘客，如有乘客受伤，立即安排人员转移到安全地带进行救治	3-2. 做好防护后，拿对讲机、手提广播到站厅组织乘客疏散，并对受伤乘客进行救助	3-3. 做好防护后，到站台协助站台清客工作，组织乘客由站台两端楼、扶梯上站厅出站	3-4. 协助乘客疏散，并对受伤乘客进行救助。保洁到出入口张贴告示，关闭出入口，停止服务
	3-10. 实时监控，及时与值班站长、OCC 进行联系	3-6. 加强与车控室、各岗位联系，及时进行信息沟通。并将现场移交给公安	3-9. 接收到站口乘客疏散完的信息后，确认已关闭各出入口(除紧急出入口)，保洁张贴停止服务的告示。最后确认站厅乘客全部疏散出站并报告车控室	3-7. 待站台清客完毕后，到站厅协助清客。站厅清客完毕后，协助关闭各出入口(除紧急出入口外)，并报告客运值班员	3-8. 协助站台、站厅清客，清客完毕后，关闭各出入口(除紧急出入口外)，并报告客运值班员
	3-14. 接到值班站长清客完毕通知后，报告 OCC。在危及个人安全情况下，行值携带 800 兆手持台、对讲机疏散到出入口	3-13. 最后确认全站清客完毕，到紧急出入口清点员工人数，到齐后向车控室报告	3-12. 到紧急出入口集中		3-11. 站内乘客疏散完毕后到紧急出入口集中
应急终止	4-2. 接到值班站长通知车站恢复正常后，检查车控室设备设施情况。向 OCC 报告车站运营前准备工作，并向 OCC 了解行车运行恢复情况并报告值班站长。通知各岗位员工，车站恢复运营	4-1. 接到 OCC 恢复正常运营的通知后，马上终止本方案，组织恢复运营	4-3. 接到值班站长通知车站恢复正常后，检查 AFC 设备、各种服务设备设施是否正常并报车控室，撤除停止服务的告示，打开出入口，引导乘客进站	4-4. 接到值班站长通知车站恢复正常后，检查 AFC 设备、各种服务设备设施是否正常并向车控室报告，撤除停止服务的告示，打开出入口，引导乘客进站	4-5. 接到值班站长通知车站恢复正常后，到站台检查屏蔽门、扶梯等设备设施情况和线路情况，并向车控室报告，准备运营服务

处置过程的注意事项为：

(1) 疏散人员时要做好安抚工作，防止踩踏事故发生。

(2) 必要时车站工作人员按上级指示撤离工作场所。

(3) 所有工作人员应根据实际情况，做好自身防护。

(4) 车站乘客疏散完毕，除紧急出入口外，其余出入口均应关闭，紧急出入口派人把守。

八、区间乘客紧急疏散现场处置实施

当区间需要紧急疏散乘客时，站务员马上向车控室、值班站长汇报。站务员服从值班站长指挥，疏散区间乘客，全力救助受伤乘客。区间乘客紧急疏散现场处置流程见表 5-22。

表 5-22　区间乘客紧急疏散现场处置流程

岗位 / 程序	行车值班员	值班站长	客运值班员	站务员	保安
信息接报	1-1. 接 OCC 区间疏散命令，报值站、驻站民警，视情况报 119、120	1-2. 接到行值通知，启动本方案	1-3. 接到启动本方案的命令		
前期处置	2-2. 做好应急广播，根据 OCC 命令，开启区间照明，执行相应应急模式。向 OCC 申请进入轨行区疏散，接 OCC 同意进入轨行区命令后报值站	2-1. 准备相应应急备品(如 800 M 电台、对讲机、应急灯、扩音器、荧光衣、防毒面具、呼吸器等)做好区间疏散准备	2-3. 协助值站准备应急备品	2-4. 根据值站命令做好乘客退票或者开放边门疏散乘客	2-5. 做好站台乘客疏散
现场救援	3-2. 使用 CCTV 加强站台、站厅监视	3-1. 接行值通知进入区间组织乘客疏散	3-3. 做好站台乘客疏散	3-4. 在边门处疏导乘客，做好乘客解释	3-5. 区间另一端车站在相应端门处做好监视，防止乘客进入其他区间；如列车中部火灾时，做好乘客疏散引导
	3-7. 做好与 OCC、车站各岗位、救援部门之间的信息传递	3-6. 带头进入现场组织乘客向 OCC 决定的方向疏散，出清现场时应在最后一位做好安全把关	3-8. 在相应端门处做好乘客引导	3-9. 至指定出入口接 120、119 并引导至现场	3-10. 至现场协助值站做好乘客疏散
	3-13. 做好与 OCC、车站各岗位、救援部门之间的信息传递	3-11. 驻站民警到达后，与民警做好交接，配合做好安全防护	3-12. 配合民警做好安全防护		
	3-16. 做好与 OCC、车站各岗位、救援部门之间的信息传递	3-14. 120、119 到达后，与 120、119 与做好交接，配合救援	3-15. 配合 120、119 做好救援		
应急终止	4-3. 向 OCC 报区间乘客疏散完毕，区间出清	4-1. 核对车站救援人员出清后，报行值	4-2. 协助核对人员出清后，报值站		
	4-4. 接 OCC 应急终止命令，报值班站长	4-5. 接 OCC 应急终止命令，通知各岗位终止本方案	4-6. 接值站命令终止本方案		

现场处置实施时的注意事项为：

(1) 列车停车位置有疏散平台时，司机打开有疏散平台一侧车门供乘客有秩序下车，站务员在车头引导，值班站长在车尾确认乘客全部疏散。

(2) 列车停车位置无疏散平台时，根据值班站长安排携带便携梯辅助乘客下车。

(3) 区间疏散时，车组应组织人员在站台端进行防护，防止无关人员进入。

(4) 车组人员进入轨行区进行乘客疏散，如在轨行区内遇到疏散出来的乘客，车站应安排人员带领乘客出清轨行区。

九、车站、区间水淹时现场处置实施

当车站、区间水淹时，站务员发现后马上向车控室、值班站长汇报。在抢修人员没有到达前，站务人员应先积极做好自救工作，进行一些简单的操作。若淹水是区间消防管道或车站给水设备发生大量漏水所造成，应及时关闭相应的管道阀门，并保持与OCC的联系。车站、区间水淹时现场处置流程见表5-23。

表5-23 车站、区间水淹时现场处置流程

岗位 程序	行车值班员	值班站长	客运值班员	站务员	保安	保洁
信息接报	1-1. 发现管道漏水时，立即报值班站长，查明管道漏水性质	1-2. 收到轨行区淹水的信息后，应迅速初步判断轨行区淹水的原因，同时将淹水区段、初步原因向OCC报告	1-3. 协助值班站长查找积水原因			
前期处置	2-2. 根据值班站长安排或现场情况，及时通知机电人员或设备管理责任部门生产调度，关闭相应设备	2-1. 地面积水威胁车站安全时，组织员工使用沙袋等进行站外堵截，疏通排水通道并报OCC。请求邻站支援，通知驻站机电人员	2-3. 使用沙袋等防护备品堵截、隔离相应区域，重点防范电气设备房间进水	2-6. 继续做好服务、票务工作	2-4. 使用沙袋堵截、隔离相应区域	2-5. 加强出入口巡视，铺垫防滑垫、放置“小心地滑”告示牌、及时清扫地面积水
现场救援	2-9. 确认相关排水泵工作状态	2-7. 隔离相应区域，安排保洁人员清理地面积水	2-8. 维持乘客秩序，协助需要帮助的乘客	2-12. 协助客值维持乘客秩序，协助需要帮助的乘客	2-10. 维持乘客秩序，协助需要帮助的乘客，做好乘客服务工作	2-11. 及时清扫站内公共区积水

续表

岗位 程序	行车值班员	值班站长	客运值班员	站务员	保安	保洁
现场处置	2-17. 传递好各岗位信息	2-13. 发现消防水管漏水，经环调同意立即安排人员关闭市政进水手动阀门和区间消防水管手动阀门	2-16. 维持乘客秩序，协助需要帮助的乘客	2-14. 关闭市政进水手动阀门和区间消防水管手动阀门	2-15. 协助关闭市政进水手动阀门和区间消防水管手动阀门	2-18. 设备房发生积水时，按值班站长指示进行清扫
	2-21. 通过CCTV查看站厅、站台情况，播放相应广播	2-19. 站外积水大量涌入站厅时，经OCC同意发布停止车站运营服务指令	2-22. 关闭客服中心，疏散乘客，做好关站工作	2-23. 协助客值疏散乘客	2-24. 维持乘客秩序，协助需要帮助的乘客	2-20. 到出入口张贴关站告示
应急终止	3-2. 接到值班站长通知车站恢复正常后，检查车控室设备设施情况。向OCC报告车站运营前准备工作，并向OCC了解行车运行恢复情况并报告值班站长。通知各岗位员工，车站恢复正常运营	3-1. 接到OCC恢复正常运营的通知后，马上组织恢复运营	3-3. 接到值班站长通知车站恢复正常后，检查AFC设备、各种服务设备设施是否正常并报车控室，撤除停止服务的告示，打开出入口，引导乘客进站	3-4. 接到值班站长通知车站恢复正常后，检查AFC设备、各种服务设备设施是否正常并向车控室报告	3-5. 接到值班站长通知车站恢复正常后，回原岗位工作	

1．车站水淹的原因

造成车站水淹的主要原因有：

(1) 地面积水从出入口、站外电梯井道、风亭、施工遗留孔洞灌入车站。

(2) 站内消防水管、空调水管、排污管泄漏，土建结构漏水、渗水、冒浆等。

2．区间水淹的原因

造成区间水淹的主要原因有：

(1) 排水设施故障。

(2) 区间消防管道及车站给水设备发生大量漏水。

(3) 隧道发生大面积渗水。

(4) 大面积停电。

(5) 外界因素，如外单位施工影响等。

(6) 突发自然灾害，如地震、洪水等。

专家提示

出现社会治安事件时，车站要及时通知驻站民警。民警有执法权，能更好地处置治安事件。

任务评价

根据以上学习内容，评价自己对本任务内容的掌握程度，在下表相应空格里打“√”。

评 价 内 容	差	合格	良好	优秀
对职工伤亡事故的掌握程度				
对车站发生各类突发事件时应注意的问题掌握程度				
学习中存在的问题或感悟				

任务五　自然灾害类

相关知识

自然灾害主要包括台风、地震、水灾等导致城市轨道交通运营中断的突发事件。

车站对恶劣天气的现场处置，目的是减少恶劣天气对轨道交通运营造成的影响，最大限度地减轻恶劣天气造成的损失，尽快恢复车站正常运营。这里恶劣天气指不利于人类生产和活动或具有破坏性的局部天气状况。本书中指暴雨、台风、暴雪。

(1) 暴雨灾害时因排水不畅，造成水浸车站出入口，水淹道床及轨道，对列车运行、乘客等造成安全隐患，影响车站运作。暴雨灾害按降水强度大小可分为为 3 个等级：一般 24 h 降水量为 50 mm～99 mm 为暴雨；100 mm～250 mm 为大暴雨；250 mm 以上为特大暴雨。

(2) 台风灾害是台风气象条件对车站、区间设备设施的影响导致设备设施松动或脱落、侵限等情况，车站范围广告灯箱、幕墙、顶盖板、钢化玻璃等设备设施被强风破坏，对列车运行、乘客等造成安全隐患，影响车站运作。

(3) 暴雪灾害是在降雪季节时因降雪堆积对车站出入口通道等设备设施的影响造成乘客进出车站的安全隐患，对地面、高架车站的道岔等行车设备的影响阻碍列车按运行图正常运行，影响车站运作。

遭遇恶劣天气时，值班站长担任现场处置负责人，负责现场处置的指挥协调，组织人员疏导和伤员救助，及时做好信息传递、汇报等工作。行车值班员负责车站信息的收集、传达与汇报，做好向行车调度员进行信息汇报，及时做好车站广播工作。客运值班员、站务员、保安、保洁须服从值班站长安排，做好人员疏导、伤员救助、退票等处置工作。

任务实施

一、恶劣天气车站现场处置实施

当车站受恶劣天气影响时，站务员发现后应立即通知车控室、值班站长，并随时留意恶劣天气对车站造成的影响。根据恶劣天气不同情况，相关人员依据方案中的对应程序实施救援，了解确认车站内乘客规模情况。如果出现人员伤亡情况应立即组织现场急救并拨打 120，然后对现场设备设施进行救援。发生暴雨、台风灾害时现场处置流程见表 5-24，发生暴雪灾害时现场处置流程见表 5-25。

表 5-24 暴雨、台风灾害时现场处置流程

岗位 程序	行车值班员	值班站长	客运值班员	站务员	保安、保洁
信息接报	1-1. 发生暴雨、台风影响车站时，立即报 OCC、值班站长	1-2. 视情况启动本方案，组织人员疏导乘客，并报站长、站务中心质量安全工程师，站务中心主任(副)			
前期处置	2-5. 做好应急广播，加强 CCTV 监控	2-1. 安排员工做好车站地面防滑，巡视出入口、站外电梯房、风亭、受风设施等重点部位，视情况决定是否关闭自动扶梯、垂直电梯、出入口等设备，必要时通知受风设施的相关单位来加固受风设施	2-2. 听从值班站长安排，巡视出入口、站外电梯房、风亭，检查车站内户外广告灯箱等受风设施的状况，并准备应急救援备品	2-3. 听从值班站长安排，巡视出入口、站外电梯房、风亭，检查车站内户外广告灯箱等受风设施的状况	2-4. 保洁做好车站地面防滑工作；保安在站台设置防滑警示牌
现场处置	3-5. 按值站要求联系 120，做好应急广播，加强 CCTV 监控	3-1. 加强乘客引导，根据情况关闭管辖地面、站台的广告灯箱电源。组织地面、高架车站乘客做好防风避雨工作，如有乘客受伤联系 120 救助伤员。若发现车站出入口顶棚被强风和暴雨破坏等险情，及时封锁现场，根据情况关闭受影响的出入口	3-2. 在出入口、电梯口、站台乘客候车处等湿滑的地点放置防滑警示牌、防滑垫等，提醒乘客注意防滑，同时提醒候车的乘客不要靠近站台屏蔽门(安全门)，不要在站台悬挂物(如 PIDS、CCTV 及时钟设备)附近候车，引导乘客从影响较小的出入口进出车站	3-3. 协助客运值班员设置防滑警示牌、防滑垫等，引导站台乘客安全乘车。提醒乘客注意防滑、注意不要靠近站台屏蔽门(安全门)，不要在站台悬挂物(如 PIDS、CCTV 及时钟设备)附近候车，引导乘客从影响较小的出入口进出车站	3-4. 设置防滑警示牌、防滑垫等，引导站台乘客安全乘车

续表

岗位 程序	行车值班员	值班站长	客运值班员	站务员	保安、保洁
现场处置	3-7. 做好与OCC、车站各岗位之间的信息传递。必要时上报OCC申请关站	3-6. 若车站发生漏水、渗水、雨水倒灌等情况，组织员工做好应急救援，封锁出入口防止乘客意外受伤。若站外积水大量进入站厅时，须立即上报车站关站申请	3-8. 遇车站发生漏水、渗水、雨水倒灌等情况，按照值班站长的安排进行救援，必要时切断可能遭受水淹的自动扶梯、垂直电梯等设备电源；立即使用沙包、吸水袋、防水布围堵出入口等，疏通排水管道，打开站内截水沟盖板，封堵设备区通道	3-9. 协助客运值班员参与救援，切断可能遭受水淹的自动扶梯、垂直电梯等设备电源；立即使用沙包、吸水袋、防水布围堵出入口，疏通排水管道，打开站内截水沟盖板，封堵设备区通道	
应急终止	4-2. 按值站命令解除应急程序，上报OCC，检查行车设备	4-1. 车站紧急情况解除后，通知各岗位终止本方案，撤除防护；安排保洁做好车站卫生清理，检查相关设备设施，上报OCC准备开站	4-3. 撤除防滑警示牌、防洪沙包等防护备品，检查相关设备设施	4-4. 协助客运值班员撤除防滑警示牌、防洪沙包等防护备品，检查相关设备设施	4-5. 撤除防滑警示牌、防洪沙包等防护备品，做好车站卫生清理

表 5-25　暴雪灾害时现场处置流程

岗位 程序	行车值班员	值班站长	客运值班员	站务员	保安、保洁
信息接报	1-1. 发生暴雪时，立即报OCC、值班站长	1-2. 接通知后，视情况启动本预案，立即报告站长、中心质量安全工程师、站务中心主任(副)			
前期处置	2-2. 做好应急广播，加强CCTV监控	2-1. 启动本方案，加强车站巡视，安排员工做好站内巡视、疏导乘客工作	2-3. 带齐应急备品，立即准备清扫出入口、电梯口的积雪、积水	2-4. 准备应急抢险并提醒乘客地面湿滑	2-5. 保洁做好车站地面防滑准备工作；保安准备在站厅、站台设置防滑警示牌
现场处置	3-2. 按值站要求联系120	3-1. 安排人员在出入口、电梯口等湿滑的地点做好防护措施，加强乘客引导，做好现场处置的指挥协调。如有乘客受伤联系120救助伤员	3-3. 在出入口、电梯口、露天站台乘客候车处等湿滑地点放置草垫、防滑警示牌等	3-4. 协助客运值班员设置草垫、防滑警示牌，引导站台乘客安全乘车	

续表

岗位 程序	行车值班员	值班站长	客运值班员	站务员	保安、保洁
现场处置	3-7. 做好与 OCC、车站各岗位信息传递	3-5. 组织人员对出入口、电梯口、露天站台等地点除雪、除冰；根据 OCC 命令组织人员对车站范围的线路、道岔进行除雪、除冰	3-6. 协助值班，站长做好除雪、除冰		
应急终止	4-2. 通知 OCC、车站各岗位应急结束，方案终止，检查相关设备设施	4-1. 车站完成除雪、除冰后，通知各岗位终止本方案，撤除防护、清理现场，检查相关设备设施	4-3. 撤除草垫、防滑警示牌等防护，检查相关设备设施	4-4. 协助客运值班员撤除防护	4-5. 协助客运值班员撤除防护，做好车站卫生

在处置实施过程中的注意事项为：

(1) 应急处置过程中，需注意做好个人防护，车站应根据现场情况做好信息的续报工作。

(2) 发生暴雨、台风灾害时，站务员如发现车站出入口顶棚、站台 PIS 被强风破坏等险情，应立即做好汇报工作，根据情况关闭受影响的出入口，并及时进行安全防护，做好现场乘客疏导，协助抢险人员现场处理。

(3) 发生暴雨、台风灾害时，救援物品保障：车站日常应配备大号竹扫把、小号扫把(清扫岔区积雪)、草包、铁锹、防滑垫、除雪剂、工业盐、扁铲等工器具。

(4) 当轨行区道岔、线路、进出站通道等设备设施受积雪影响时，宜使用除雪剂、工业盐等清除积雪；当需要人员到轨行区除雪、除冰时，须得到行车调度员的同意，并派专人现场防护。

专家提示

发生暴雨、台风灾害时，车站人员处置的时候，应该穿戴好劳动防护用品，做好自身防护。

任务评价

根据以上学习内容，评价自己对本任务内容的掌握程度，在下表相应空格里打“√”。

评 价 内 容	差	合格	良好	优秀
对事故事件的分类及内容的掌握程度				
对信息报告程序的掌握程度				
对发生暴雪、暴雨时现场处置的掌握程度				
学习中存在的问题或感悟				

模 块 训 练

任务训练单

班级：　　　　　　　　　　　　姓名：　　　　　　　　　　　　训练时间：

<table>
<tr><th>任务训练单</th><th>故障应急处理相关作业</th></tr>
<tr><td>任务目标</td><td>掌握事故事件的分类及内容、事件特征分析、信息报告程序及现场处置</td></tr>
<tr><td>任务训练</td><td>任务训练说明：请从下列任务中选择其中的两个进行训练：乘客突发疾病现场处置、车门屏蔽门夹人夹物现场处置、列车火灾现场处置、 AFC 故障或能力不足现场处置、车站接到炸弹恐吓现场处置、恶劣天气车站现场处置</td></tr>
<tr><td colspan="2">任务训练一</td></tr>
<tr><td colspan="2">任务训练二</td></tr>
<tr><td colspan="2">训练的其他说明或建议：</td></tr>
<tr><td colspan="2">指导老师评语：</td></tr>
<tr><td colspan="2">任务完成人签字：　　　　　　　　　　　　　　　　　　日期：　年　月　日
指导老师签字：　　　　　　　　　　　　　　　　　　　日期：　年　月　日</td></tr>
</table>

模块小结

本模块讲述了车站发生的公共卫生、行车事件、票务事件、社会安全和自然灾害类事件(故)，包括这些事件(故)包含的具体突发事件内容。在车站发生这些突发事件时，作为车站工作人员应该如何对事件特征进行分析、进行信息报告、现场处置以及在现场处置时的一些注意事项。

模块自测

一、填空题

1．公共卫生事件(故)可分为(　　　)和(　　　)。

2．票务事件(故)可分为(　　　)和(　　　)。

3．车站及连通物业火灾现场处置中，按火灾地点可分为(　　　)、(　　　)和(　　　)。

4．正线车站大面积停电现场处置中，正线车站大面积停电指的是(　　　)。

5．AFC 系统设备能力不足可分为(　　　)、(　　　)和(　　　)。

6．道床伤亡现场处置中的汇报内容为(　　　)、(　　　)、(　　　)和(　　　)。

二、简答题

1．AFC 故障或能力不足现场处置中，设备故障可分为哪几类？

2．按照轨道交通故障区段和中断的时间可以将公交接驳分为哪几种？

3．简述车站乘客疏散现场处置中的汇报流程。

4．简述职工伤亡事故的定义。

5．简述区间水淹事件的分类及其内容。

拓展自测

一、选择题

1．以下不是按《轨道交通突发事件总体应急预案》的性质分类的是(　　)。

A．自然灾害类　　　　B．事故灾害类

C．社会安全事件类　　D．人车事故类。

2.《轨道交通突发事件总体应急预案》根据事故、事件的危害及影响程度划分为(　　)个运营企业响应等级。

A．4　　B．5　　C．6　　D．7

3．乘客在车站发生传染病疫情症状时，车站值班站长根据 OCC 命令着隔离衣物将当事人移至隐蔽处，用屏风做好围蔽，并用警戒绳在屏风外(　　)米处设置隔离带。

A．1　　B．2　　C．3　　D．5

4．车站发病乘客出现伤人或破坏行为时，(　　)应及时制止。

A．站务员　　B．客运值班员

C．值班站长　　D．车站工作人员

5．发生电梯困人时，非行车值班员汇报内容为(　　)。

A．性别　　B．年龄　　C．身高　　D．人数

二、判断题

1．车站发生毒气事件，车站乘客及工作人员疏散完毕后应安排站台岗看守风厅，禁止无关人员靠近。　(　　)

2．遭遇暴雪，车站应准备铲雪锹、大竹扫把等应急备品。　(　　)

3．站停发生爆炸后，客值须至指定出入口迎接 120、119 并引导至现场。　(　　)

4．车站大面积停电时，若 8 分钟尚未恢复正常照明则应向行调申请关站。　(　　)

5．列车上乘客报警，车站人员处理完毕后即可用 400 MHz 通知司机动车。　(　　)

三、简述题

1．车站突发暴雨时，结合所在岗位简述处理要点。

2．车站电梯困人时，作为客运值班员请简述处理要点。

四、综合题

扶梯摔人时，作为现场目击者，结合所在岗位职责进行处理。

参 考 文 献

[1] 仇海兵. 城市轨道交通车站设备[M]. 北京：人民教育出版社，2010.

[2] 林瑜筠. 城市轨道交通运输设备[M]. 北京：中国铁道出版社，2011.

[3] 李志成. 城市轨道交通行车组织[M]. 合肥：中国科技大学出版社，2014.

[4] 中华人民共和国公安部. 火灾分类(GB/T 4968—2008)[M]. 北京：中国标准出版社，2009.

[5] 于铁军. 浅析城市地铁消防安全管理[J]. 工程技术，2017，7(1).

[6] 张燕. 城市轨道交通车站客运组织与服务[M]. 北京：电子工业出版社，2015.

[7] 于涛. 城市轨道交通票务管理[M]. 2 版. 北京：人民交通出版社，2012.

[8] 中华人民共和国住房和城乡建设部. CJJ/T170—2011 地铁与轻轨系统运营管理规范. 北京：中国建筑工业出版社，2012.